巴菲特给儿女的一生忠告

朱晓平 编著　张海君 绘

海豚出版社
DOLPHIN BOOKS
中国国际传播集团

图书在版编目（CIP）数据

巴菲特给儿女的一生忠告 / 朱晓平编著 ; 张海君绘.
北京 : 海豚出版社, 2024.8. -- ISBN 978-7-5110
-7007-4

Ⅰ.G78

中国国家版本馆 CIP 数据核字第 20240ND277 号

出 版 人：王　磊

策　　划：刘慧滢
责任编辑：刘　韬
装帧设计：李　荣
责任印制：于浩杰　蔡　丽
法律顾问：中咨律师事务所　殷斌律师
出　　版：海豚出版社
地　　址：北京市西城区百万庄大街 24 号
邮　　编：100037
电　　话：010-68996147（总编室）　010-68325006（销售）
传　　真：010-68996147
印　　刷：德富泰（唐山）印务有限公司
经　　销：全国新华书店及各大网络书店
开　　本：1/16（710mm×1000mm）
印　　张：10
字　　数：130千
版　　次：2024 年 8 月第 1 版　2024 年 8 月第 1 次印刷
标准书号：ISBN 978-7-5110-7007-4
定　　价：59.00 元

版权所有　侵权必究

前言

作为享誉全球的"华尔街股神",巴菲特是当今首屈一指的传奇富商,也是当代伟大的投资家之一。值得一提的是,巴菲特曾承诺会在自己去世后,将自己99%以上的财富捐给慈善机构。不难看出,巴菲特不仅是一位成熟的商业家、企业家,更是一位饱含爱心的慈善家。

对于巴菲特,我们不仅应该对他的个人成长史和商业发展史有所了解,更应该对他身上的独特品质进行细致剖析。要知道,巴菲特是一位非常出色的导师,他用自己拼搏大半生得来的人生智慧去教导自己的三个儿女,告诉他们人生发展所要具备的一系列品德与智慧。这些忠告,不仅饱含一位父亲对儿女的关爱之情,更蕴含一位成功的企业家对下一代的教导和指引。

细细品读巴菲特留给儿女的忠告,我们会发现这些忠告不仅涉及自我成长、人生规划以及生活态度等方面,还包含了职业规划与选择、投资理财以及经营管理等。可以说,巴菲特的这些忠告几乎涵盖了个人发展的方方面

面，如果我们能认真领悟，便能从中获得自身成长的积极能量。

　　基于此，我们特意编写了《巴菲特给儿女的一生忠告》这本书。本书精选巴菲特写给儿女的人生忠告，以图文并茂的形式带领广大读者感受一位传奇富商的人生成长智慧。要知道，这些人生智慧是巴菲特在自己人生路上亲自历练后的智慧总结，也是他走向成功的不二法宝，更是他在面对人生困境和挑战时的破局之法。如果我们能认真领悟这些人生忠告，懂得其中的大智慧，就能获得掌握自我命运的积极能量，也能以更加游刃有余的方式解决自己的人生困难。

目录

第一章　性格决定成败

好习惯会给你带来惊喜……………………… 2

有舍才有得…………………………………… 8

养成勤俭的习惯……………………………… 14

骄傲是成功的敌人…………………………… 20

正直和诚实永不过时………………………… 26

抱怨不会让事情更好………………………… 32

第二章　为人处世的秘诀

尊重他人方显你的素养……………………… 40

多结交志同道合的伙伴……………………… 46

心怀感恩……………………… 52

做一个善于倾听的人………………… 58

说话要讲究艺术……………………… 64

换位思考永不过时…………………… 70

第三章　一生要遵守的准则

拥有再多的财富也不如拥有知识……………… 78

做自己喜欢的事情……………………………… 84

行动之前要思考………………………………… 90

活到老，学到老………………………………… 96

注重细节………………………………………… 102

出手果断才能把握时机………………………… 108

第四章　拥有财富的秘密

从小就要有赚钱意识…………………………… 116

学会利用手中的资源…………………………… 122

把鸡蛋放在一个篮子里………………………… 128

做自己熟悉的生意……………………… 134

财富的积累是由少到多的 ……………… 140

拒绝不良的消费行为 …………………… 146

巴菲特大事年表 ………………… 152

第一章
性格决定成败

好习惯会给你带来惊喜

巴菲特名言

"培养一种好的习惯，其实并不难。只要自己用心去做，当习惯养成，你就会发现它能给你带来很多惊喜。好习惯会使成功不期而至。"

故事在线

有学生问巴菲特，他是如何拥有巨额财富的，巴菲特答道："这一切都要感谢习惯。"他曾说习惯是一种无形的、坚不可摧

的力量,当习惯发挥作用时,理性便退居二线了。

巴菲特非常重视培养儿女们的习惯,他告诉儿女们,一个人要想成功,不仅要有对成功的强烈渴望,还要有耐心、有信心、有激情,并专注于培养好习惯。他也总结了自己的成功经验,那就是一直以来对投资的习惯性好奇。他觉得人的一生,有几个好习惯是必须养成的,那就是高效工作、持续学习、自我克制、坚持锻炼、积极思考等。

在工作和生活中,遇到难题是在所难免的。在遇到同样的问题时,不同的人所采取的态度是截然不同的。拥有积极心态的人会自信地处理问题,而拥有消极心态的人则会悲观地处理问题。当你学会用积极的心态去正视问题、处理问题,你就会养成积极思考的好习惯。

巴菲特
给儿女的一生忠告

巴菲特幼年时家境贫寒,可他从来没有埋怨过上天的不公,而是努力去赚钱。毕业以后,当有人质疑他的投资能力时,他也没有抱怨什么,而是尽力去做到最好,让他人对自己刮目相看。

正是因为他有这种积极思考的好习惯,他的三个孩子都深受其影响,在各自的领域取得了不错的成绩。大女儿是一家针织品商店的老板,大儿子是伯克希尔·哈撒韦公司的董事,小儿子是一名音乐家。巴菲特曾这样评价自己的三个孩子,他们都很聪慧,有自己的主见,非常正派,兄弟姊妹之间也非常团结。这是巴菲特最引以为傲的地方。

巴菲特虽然是世界上首屈一指的富豪,可是他从来都不会摆出一副高高在上的样子。相反,他非常谦虚,这一点也深刻影响到了他的孩子们。在巴菲特看来,即便你是非常博学的人,相对于知识这个广袤的天地来说,终究是渺小的存在。当你养成了谦虚的习惯,才更有可能走向成功。

巴菲特说,当你拥有了自我克制的好习惯,在遇到问题时,才会理性地思考,进而将你的人生导向正确的方向。

当你拥有了好习惯,你的一生都会因此受益。反之,你的人生道路将会越走越艰难。所以,养成好习惯,戒除坏习惯,是我们一生的功课。

◎ 第一章　性格决定成败

你说我说

　　习惯的力量非常惊人，个人的选择会影响人的一生。从小养成好习惯的人，更容易获得成功；而从小养成坏习惯的人，更容易遇到挫折，得到失败的结果。养成好习惯，要从生活里的小细节做起。

站立写作的海明威

　　作为美国知名作家，海明威一生创作了多部小说，像《太阳照常升起》《永别了，武器》《丧钟为谁而鸣》《老人与海》等。他凭借《老人与海》获得了诺贝尔文学奖，还被誉为"新闻体"小说的创始人。

　　此外，他还是一名有着传奇经历的作家，两次世界大战和西班牙内战，他都是亲历者，还险些在非洲丛林被夺走性命。他是最早到中国访问、对中国抗战情况进行报道的美国记者之一。可是，远比他的传奇经历更让人赞叹的，则是他的写作习惯。

　　他创作时有个习惯，会在每天早上的固定时间写作。即便前一天晚上很晚才睡，他也会在清晨迈着坚定的步伐走到写字台前，开始当天的写作。在开始创作新的内容之前，他还会先将已经写好的内容再读一遍，让自己真正进入故事情节中，然后单脚站立，开始写作。

　　当有记者好奇地问他为什么要保持这样的写作姿势时，他笑着答道："这样的姿势会让我始终处在紧张的状态中，让我不敢用冗长的语言来表达自己的思想，而是尽量简短一些。"

　　他的一个老朋友见他单脚站立写文章，也不由疑惑地问道："这样

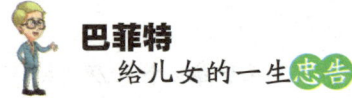

你不觉得累吗?"海明威答道:"坐着写当然舒服啊,可是这样一来,文章就很容易被写长;而站着写不舒服,这样倒逼我写短一些……等到写完后再来修改时,我就坐在椅子上慢慢改。"

站半个小时、一个小时写作或许没什么好歌颂的,可是难得的是,海明威每天都会站六个小时写作,有时甚至更长。他还喜欢用铅笔写作,以方便后期修改。一本书,他通常要修改三遍。

简洁是海明威最为有名的写作风格,直至现在,他的很多作品都是无人能超越的。美国现代图书馆将他的两部小说——《太阳照常升起》和《永别了,武器》纳入了"20世纪百大英文小说"中,这两本书对美国文学甚至整个20世纪的文学发展都产生了极其深远的影响。

好习惯会带给人诸多好处,对人的一生都产生极其深远的影响,而坏习惯会让人生道路充满荆棘。巴菲特要求他的子女们一定要戒掉的坏习惯主要有以下几个:

一、不守时,这样的人会给人拖沓的印象,让人不敢对他委以重任。

二、做事效率低,这样的人难以适应这个快节奏的社会。

三、喜欢推卸责任,没有人喜欢"背黑锅"。

四、阿谀奉承,这样的人只会让人觉得他很虚伪。

好习惯

晚上,涛涛还在玩手机,不想睡觉……

有舍才有得

巴菲特名言

"人总是喜欢生活在原有的框架中,不敢走出去。即使外面等待他的是更宽广的路途、更烂漫的生活,但是依然有很多人没有勇气走出去。"

◎第一章　性格决定成败

巴菲特奉行一个信条，那就是对自己没有把握的事情要毫不犹豫地放弃。如果他认为自己的能力不足以完成眼前的工作，他会理性地选择立即绕开。作为股票商人，他总是说："如果你不是东西的所有者，那就要学会放弃它。人们不应该总是沉浸在往事中，要学会从挫折中吸取教训。"

巴菲特之所以在金融领域能够取得成功，关键在于他坚信应该放弃不属于自己的东西。每当他发现无用的股票时，会立即抛售，以获取最大的利润。此外，他生活节俭，只享受自己舒适的生活圈所带来的安逸。他认为人在世界上生活，应该及时止损，及时放弃对自己没有利用价值的东西，以获得最大回报。

巴菲特不仅自己坚持原则，还教育子女及时止损以获得成功。他的女儿苏茜曾经经历了一段痛苦的婚姻，后来她感到自己已经无法从这段婚姻中获得幸福，于是决定离婚。离婚后，她仍然无法释然，难以解开心结。巴菲特看到自己的女儿被过去所困扰，于是告诉女儿不要太在意过去的事情，要学会放弃，及时止损，把生活的重点转移到未来的生活中才能有所收获。

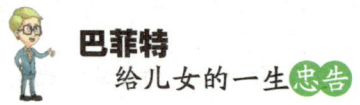

在父亲的耐心劝导下,苏茜最终醒悟了,立即卖掉了过去的房子,开始了新的家庭生活,比以前更加幸福美好。

在中国有一句古话叫"有舍才有得"。得与失是相互矛盾的,在我们成长的过程中,常常会经历得到与失去。如果想获得成功,有时就必须学会果断地放弃。很多时候,只有舍弃一些不重要且没有意义的东西,才能获得成功。

我们需要理智地审视当前的生活状态,放弃那些不值得拥有的事物,及时止损,从而轻松地迎接未来的生活。只有这样,我们才能实现自己独特的成就。如果苏茜当时一直沉浸在离婚的痛苦中,执着于追求不属于自己的东西,就无法摆脱伤痛,也就无法拥有更好的生活。这样不仅会消磨她的青春岁月,还会耗尽她的精力,从而束缚住她前进的脚步。

想要过好生活需要掌握技巧:要能够割爱、放手,不再执着于无关紧要的事和人。只有这样我们才有可能找到真正的快乐。

◎ 第一章　性格决定成败

你说我说

放弃不是一种消极的生活方式，更非逃避现实，而是在面临重要的选择时勇敢地面对。在做决定时需要依靠自己的理性和常识进行权衡与评估，如果问题复杂，难以解决，不妨暂且搁置或延后处理，适当妥协让步也是一种明智的选择。

目标清单

有一天，巴菲特发现自己私人飞机的飞行员情绪低落，于是询问他："你为什么总是闷闷不乐呢？"

飞行员回答道："老板，我总是感到未来毫无希望，对生活没有兴趣，对人生也没有明确的方向。"

听到他的话，巴菲特想起了自己曾经迷茫的年轻时光，于是决定帮助这个年轻人。他对飞行员说："回去之后，你自己设定15个人生目标，并将它们写在小纸条上，下次见面时，你就把小纸条带给我。"

再见面时，飞行员把一张小纸条递给了巴菲特，上面密密麻麻地写满了字。不过，巴菲特并没有把小纸条接过来，而是对飞行员说："你从这15个目标中选出3个你最想完成的。"

飞行员按照巴菲特说的做了，现在，他有了两个目标清单，一张上面有15个目标，另一张上面有他认为最重要的3个目标。

然后巴菲特对他说："现在，留着这3个目标，将剩下的12个放弃。"

飞行员听到巴菲特的话，一时间有些不知所措，但他很快就明白

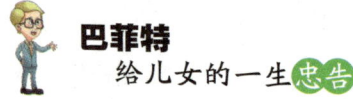

了巴菲特的意思,他知道,巴菲特想教他学会列清单,首先完成人生中最重要的目标,以确保没有虚度光阴,然后逐个完成较小的目标,使未来的规划更加清晰。同时,巴菲特还教会了他要学会适当地放弃,学会取舍,只有这样才能获得最大的收获,才能更有效率、更有目标地生活。

我们经常会遇到这样一类人,他们在生活中总是不分轻重缓急、胡乱处理手头的事项,导致最终全无成果。这种人,就可以根据巴菲特的方法,将自己的目标分为两类,最终舍弃不重要的目标,以便更好地实现更重要的目标。如果遵循巴菲特的"双清单"法,无论有多少目标、多迷茫,最终也能成功地完成自己想做的事情,实现人生目标。

漫漫人生路上,有很多令人不舍的东西,比如曾经对我们重要如今却远离我们的人、曾经漂亮如今已穿不下的衣服……我们背着这些沉甸甸的包袱前行,根本无法大展拳脚。如果想轻装前行,就要学会舍弃。这就像沙漠中的仙人掌,为了更好地活下去,放弃了叶子,让它们变成了一根根不那么美观的尖刺。为了追逐梦想,我们也要学会放弃那些沉甸甸的包袱。

有舍才有得

周末,涛涛一脸疑惑地来找爸爸……

养成勤俭的习惯

巴菲特名言

"通过节约，可以积累更多的财富，同时也能培养自律和坚韧的品质。"

◎ 第一章　性格决定成败

巴菲特虽然跻身全球富人榜前列，却一直秉持着勤俭节约的好习惯，就连他现在住的房子还是好几十年前在奥马哈市买下的那所。巴菲特也直白地表示自己对于高科技、奢侈品丝毫没有兴趣，反而倒是很喜欢麦当劳的汉堡和可乐。他曾在采访中说："成功，就是每天都可以做自己喜欢的事情，并且把它做好。我认为的成功，就是这么简单。生活水准，并不等同于生活成本，能够每天做自己喜欢的事情，这本身就是一件很奢侈的事情。"巴菲特拥有的资产是许多普通人一辈子都挣不到的，而巴菲特骨子里的节俭，很多普通人或许也很难做到。巴菲特那淡然的心境完全可以通过他平时节俭的作风体现出来，当然，节俭也是他公司管理方式的一种。

巴菲特
给儿女的一生忠告

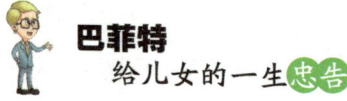

2006年8月30日，76岁的巴菲特再度结婚，出乎意料的是，新娘艾丝翠·孟克斯是由巴菲特的前妻介绍的，并且在结婚之前，他们已经同居了28年。这件事情很快就传开了，大家纷纷表示震惊。巴菲特女友等待了28年的婚礼并没有大家想的那么豪华，反而十分低调，不仅没有多少宾客参加，连主持人都是巴菲特的女儿，婚礼全程也就只有15分钟左右。

婚礼上，76岁的巴菲特和60岁的新娘穿着简单，新娘没有婚纱，就连婚戒都是几天前巴菲特的女儿陪着她在折扣店挑选的。他们没有预订酒店，而是在婚礼结束后跟宾客去了附近的一家海鲜餐厅。也许有人猜想，他们的婚礼这么简单，一定是之后要出去蜜月旅行的，但令人再次感到意外的是，巴菲特第二天准时出现在了公司，开启了他一天的工作。就好像他不是结婚，而是过了一个平淡无奇的周末。

勤劳和节约是巴菲特的本色，每周有一多半时间他都在工作。他的公司很小，只有网球场的一半，且只有一间办公室。巴菲特为了省钱，很少买办公用品，即便买也是批发，因为批发比零售便宜很多。巴菲特对待每一分钱都很谨慎，他总是吃几美元的快餐，从不换房子和交通工具。

据2008年《福布斯》杂志记录，被称为"股神"的巴菲特的个人财富在短短一年里增加了100亿美元，从520亿美元上升至620亿美元，取代比尔·盖茨成为全球富豪榜榜首。让人难以相信的是，这样一位富豪在生活中却那么节俭，这无疑印证了他的那句名言"我所想要的并非金钱，我觉得赚钱并看着它慢慢增多是一件有意思的事"。

◎ 第一章　性格决定成败

你说我说

不论是中国还是外国，无论是个人、家庭或国家，甚至是全人类，想要长足发展，都必须秉持着勤劳与节俭的品质。

巴菲特的节俭小故事

如果要形容巴菲特的投资风格，可以用"斤斤计较"这个词。在生活中，巴菲特同样很朴素，尽可能节俭。他吃穿住行都尽可能地保持简约，甚至可以称得上吝啬。

有一次，巴菲特到中国香港办事，入住了一家酒店，他就拿着酒店赠送的优惠券购买了一些打折的面包。被别人发现后，他并不觉得尴尬，反而吃得津津有味。在酒店用餐时，巴菲特也表现出一种节俭的姿态。当时，一位服务生想要劝说他打开一瓶珍贵的葡萄酒。没想到，巴菲特居然用手把杯子挡住，表示自己不需要。

2008年，巴菲特首次超过比尔·盖茨成为全球首富。媒体都知道他和比尔·盖茨是好朋友，于是在采访的时候问他为什么能赚到比比尔·盖茨更多的钱，巴菲特幽默地回应："我超过比尔·盖茨的原因，就是

17

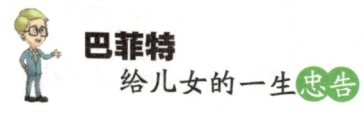

我的花费比他低,这可以视为对我一直以来勤俭节约的嘉奖。"

巴菲特反超比尔·盖茨后,后者并不介意,并对巴菲特风趣的回应予以认可:"看到巴菲特超过我成为首富,我感到十分高兴。上个周末我们一起打高尔夫球时,他为了省钱,连手套都没有买,而是用创可贴来代替。虽然打起高尔夫球来不那么方便,但他毕竟省下了几美元。我认为,他之所以能够成为首富,主要原因就是节俭。下次我们再一起打高尔夫球,我就连创可贴都不用了,力争在节俭方面胜过他。"

当然,节俭并不是巴菲特成为首富的主要原因,但由此不难看出他对节俭的重视。而且,巴菲特不光自己节俭,还教育孩子们也要节俭。当有人询问巴菲特如何教儿童理财时,他给出的建议是:培养孩子们诚实、正直的品德,教导他们坚持节俭,避免信用卡债务。

只有不断付出辛劳和努力的人,才能够有所收获。同样地,唯有在懂得珍视已经取得的成就的情况下,我们才能有更大的动力去继续努力。

勤 俭

爸爸感冒了,在家里到处找口罩……

骄傲是成功的敌人

巴菲特名言

"每个人都要拥有谦虚的好品质。"

◎ 第一章　性格决定成败

彼得是巴菲特最小的儿子,相比他的哥哥霍华德、姐姐苏茜来说,他明显浮躁多了。他走的是音乐路线,父亲并没有给他什么帮助,完全靠他自己闯荡。可是,他从来没有因为受到挫折就打退堂鼓,也没有因此埋怨他人。这都要感谢他的父亲巴菲特,虽然他没有在经济上支持他,却一直在教给他做人的道理。

通过银行贷款,彼得成立了自己的乐队,并开始在全国各地巡回

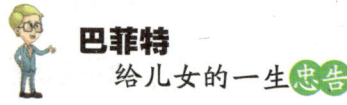

演出，这一消息传到巴菲特的耳朵里以后，他由衷地为自己的这个儿子感到高兴。他相信，照如今这个势头发展下去，彼得一定能取得不菲的成绩。

彼得天生个性要强，有了一点儿成绩就觉得自己很了不起。巴菲特希望他能好好沉淀一下自己，不要取得一点儿成绩就沾沾自喜，更不要因此躺在成绩上睡大觉。要知道，一个人一旦开始骄傲，他就离失败不远了。但凡取得伟大成就的人，在自己的专业领域，他们从来都是战战兢兢的，生怕一不小心就摔了跟头。他们不敢骄傲，总觉得自己了解得还不够；他们一直走在前进的道路上，从来不敢有丝毫懈怠。

巴菲特告诉自己的儿子，要想在事业上取得长足的进步，他就一定要完全摒弃骄傲的情绪。哪怕眼前取得了还不错的成绩，也不要因此就停滞不前，而要给自己定下更高的目标，向下一个目标努力奋进，这样才会离成功越来越近。

巴菲特说，每个人都要拥有谦虚的好品质。他告诫彼得，一个人在自己擅长的领域、专注的事情上取得一点儿成绩是再正常不过的事情，这不是他引以为傲的资本。

巴菲特的一生都恪守着低调谦逊的原则，如果取得了一点儿成绩就骄傲的话，他早就在人群中销声匿迹了，不可能有如今的成就。他不断告诫身边的年轻人，骄傲是成功的敌人，我们一定要将骄傲这种情绪扼杀在摇篮中，让它不能为非作歹。

我们身边总是不乏一些骄

◎第一章　性格决定成败

傲自满的人，他们在与人交往时，总是自夸，生怕别人不知道自己取得了多大的成就。长此以往，朋友就会慢慢离他们远去，他们再也不会取得更大的进步了。相反，那些谦虚的人，身边通常会聚集更多好朋友，人们都愿意帮助他们，他们也会因此取得更大的成就。

你说我说

无论怎样，我们都不能过于自负。纵然我们在某个领域中已经成为顶尖的专家或领袖，也不能因此产生傲慢的情绪。要知道世上还有很多比我们更优秀的人存在，如果我们骄傲自满，便会阻碍自己进步，甚至遭到他人的轻视。

贝耶尔的故事

阿道夫·贝耶尔的10岁生日到了，一早去上学时，他就在心里盘算着，今天爸爸妈妈会如何给他庆祝呢？他们一定会为他准备一顿大餐，然后买下他心仪已久的玩具。想到这里，他的脸上露出了灿烂的笑容，一蹦一跳地进了学校。

到了放学时间，照例是妈妈来接他，他原想问妈妈会怎么给自己庆祝生日，可是看到妈妈一脸愁容，似乎遇到了什么事，就识趣地没有提起。母子俩沉默地走在回家的路上，过了好大一会儿，他才发现妈妈竟然把他送到了外婆家里。妈妈让他乖乖在外婆家里写作业，晚点儿再过来接他。他想，妈妈肯定给自己准备了大惊喜，所以现在才装作一副若无其事的样子。

这一天,他表现得特别好,在外婆家认真地完成了作业。妈妈终于来了,天都黑了,他终于忍不住问妈妈,今天准备怎么给自己庆祝生日啊。妈妈俯下身来,严肃地对他说:"明天你爸爸要参加考试,所以,今年你的生日我们就不过了。当初我生你时,你爸爸已经40多岁了,自那以后,他便开始了认真学习,如今也取得了一番成绩,可是他一点儿都没有骄傲,依然在认真学习。我不想因为你的生日影响他的学习。"贝耶尔重重地点点头。后来他说,这是他收到的最好的生日礼物。

贝耶尔上大学时,贾拉古教授作为有机化学家已经享誉全国。可是因为他还很年轻,所以总是遭到一些人的诟病。一天,贝耶尔在父亲面前提到了这位教授,还说:"他才比我大6岁……"意思就是,这个人有什么了不起的,值得人们这样吹捧吗?

父亲当即驳斥了他:"大6岁怎么了?我读地质学时,有的老师甚至比我小30岁呢,我还不是尊称他们一声老师,虚心听他们讲课。人一定要戒骄戒躁,不要觉得别人年龄小,学问就少。无论对方是谁,只要他比你有知识,有文化,你就应该虚心向他请教。"

总结时刻

我们可以有傲气,但是不能骄傲。我们要镇定从容、谦虚谨慎地行事,否则最终可能会让自己陷入困境。

骄 傲

妈妈看到涛涛吃完饭就去看电视,十分生气……

正直和诚实永不过时

巴菲特名言

"正直和诚实是孪生兄弟,他们总是形影不离。这可是人们非常喜欢的两兄弟,正是他们的存在,成就了很多流传千古的佳话。"

◎第一章　性格决定成败

巴菲特不止一次在公开场合批评华尔街的无耻行为，这都是诚实和正直对他提出的要求。在回忆录中，他也非常明确地告诉众人，公司亏损他尚且可以忍受，但他绝对不能容忍的就是公司的名誉遭到玷污。他还曾在致员工的信中说，如果有谁发现公司有违反法律和道德的事情，一定要及时向他汇报，他甚至将家里的电话也留在了上面，方便员工随时找到他。在金钱至上的社会，很难有人能在金钱面前无动于衷，要不然，华尔街也不会丑闻频出了。

巴菲特一向非常看重人的品格，他也一直教导自己的子女，一定要做正直、诚实的人。在投资之前，巴菲特不但会对股票将来的发展趋势进行仔细研究，还会调查股票的持有人，考察他们的人品。

有一次，公司举行董事会，要对一只准备买入的股票进行投票。巴菲特也参与了投票，可是让人大跌眼镜的是，巴菲特竟然对这一只极具潜力的股票投了反对票。

我们可以暂时称发行这只股票的公司为甲公司，而A先生是这家公司的最大股东。巴菲特经过调查后发现，这家公司的上市过程存在几处疑点，于是他开始怀疑A先生的人品。为了验证自己的猜测，他又进行了深入调查，结果刚好印证了他的猜测，A先生果然不是一个诚实、正直的人。

据此，巴菲特对这个人所拥有的股票全部投了反对票。假如巴菲特愿意买入一家公司的股票，至少证明这家公司的主人是正直的。假如一家公司可以得到巴菲特的投资，那么他未来的盈利能力一定是被看好的。巴菲特坚信，一个公司的发展前景如何，公司领导人的人品起到了决定性作用。

正直背后所蕴含的是值得信赖，它和诚实、忠诚一样，都一直为人们所推崇。如果一个人连正直和诚实都做不到，那么我们就没必要和他交往。

不管是做生意还是做人，我们都要秉承正直、诚实的原则。一家看上去运营状态良好的公司，假如有一个好的引路人，那么它就可以更好地发展下去。反之，即便是受到大家普遍认可的股票，巴菲特也会因为它的主人的人品不过关，而采取了一票否决制。他不可能在这样的股票上投入自己的金钱，这无异于给自己挖坑。

◎ 第一章　性格决定成败

你说我说

虽然诚实和正直看起来类似，但二者存在细微的差异。相对于重视内部约束的正直而言，诚实的意义更多地在于表达真诚。不过两者紧密相关，内在的自制精神支撑起了外在的真实展现。

诚实的巴菲特

巴菲特在积累自己财富的过程中，也遇到过不少困难，他一路披荆斩棘，越过一道又一道阻碍，终于成就了现在的自己。当然，这一切都要归功于他对市场敏锐的反应能力和突出的解决问题的能力。同时，他一直以来的诚实、正直也在其中发挥了重要的作用，这一点毋庸置疑。

巴菲特曾接受过美国证交会的调查，原因是他曾以蓝带印花公司为媒介，将韦斯科金融公司并购过来。种种证据显示，收购蓝带印花公司的行为违法了。可是，巴菲特一直以来都以诚实著称，所以这场危机悄无声息地被化解了。美国证交会负责审理这起案件的斯金波说："身为一名公诉人，我有责任区分开过失犯错，其实从根本上来说就是区分一个诚实的人和一个彻头彻尾的骗子。"如果对方是骗子，他会坚决予以打击，丝毫不会手软。而在巴菲特这个案件上，他觉得他们所犯的错误是值得原谅的，他们只是过失犯错，因为他们的人品是值得信赖的。

后来，所罗门公司由于操作国债不符合规定，管理层又隐瞒事实，后被监管部门查处，被罚了很多钱，走到了破产的边缘。公司负

巴菲特
给儿女的一生忠告

责人一夜之间愁白了头，无奈之下，他找到巴菲特，希望他能让公司起死回生。巴菲特凭借着个人良好的秉性——诚实、正直，在公司内部推行文化改革，所有人都心服口服，政府部门也对这一公司重拾信心，这场危机就被巴菲特轻松化解了。

自那以后，巴菲特的个人形象发生了翻天覆地的变化，从一个投资商，摇身一变成为拯救国家的英雄。在他身上，诚实的品质体现得淋漓尽致。巴菲特的儿子霍华德曾这样评价自己的父亲："很多像我父亲这样身份的人，大多喜欢炫耀自己取得了什么成就，可是我的父亲就不会这样。他是个特别诚实的人，从不做浮夸之事。"

巴菲特正是通过自己的诚实，打了一场又一场胜仗。

总结时刻

"走正直诚实的生活道路，定会有一个问心无愧的归宿。"正直和诚实是优秀的品质，将它们作为准则来指导我们生活和工作的方方面面，便可在任何时候、任何情况下都能保持内心的安宁和清白。

得到表扬的涛涛

傍晚,涛涛忐忑地回到了家……

抱怨不会让事情更好

巴菲特名言

"你很难找到一个成功人士会经常大发牢骚,抱怨不停,因为成功人士都明白这样一个道理,抱怨就像诅咒,越抱怨越退步。"

◎第一章　性格决定成败

巴菲特曾把这样一个故事讲给孩子们听,希望他们能停止抱怨,拥抱美好的生活。

教堂里新来了一个小男孩儿,一开始,他还对教堂的一切都很好奇,能够按部就班地在这里生活。可是这样枯燥的日子没过多久,他就受不了了,他开始向往外面五彩斑斓的世界。他觉得在教堂里的生活枯燥无味,如果一辈子都留在这里,还不如一死了之。

这一天,他独自一人来到教堂后面的万丈悬崖。正当他鼓足勇气,闭上双眼,打算跳下去时,他的肩膀被人按住了。他扭过头一看,原来是神父。

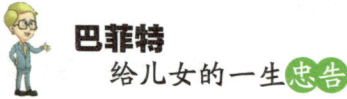

巴菲特
给儿女的一生忠告

刚刚还心一横,一副视死如归的小男孩儿,在见到神父的这一刻,情绪崩溃了。他哭得稀里哗啦,眼泪止不住地流。神父问他为何要寻短见时,他如实说道:"我厌倦了这里的生活,觉得一切都不如意,只想早日超脱。"

神父一听,连连摆手道:"你这么说可就不对了,你拥有的东西是好多人羡慕都羡慕不来的呢!不信你看看自己的手背,那上面有什么?"小男孩儿低头仔细看了看,并没有在自己的手背上发现什么异常,于是不解地问道:"我手背上什么也没有啊!"神父说:"真的吗?你再仔细看看,那上面不是有你刚刚流的眼泪吗?"小男孩儿一听,心里五味杂陈,眼泪不自觉地又流了出来。神父说:"你再看看你的手心有什么?"

小男孩儿再次乖巧地看向自己的手心,端详了一阵,充满疑惑地抬起头对神父说:"这里依然什么也没有啊!"神父笑了笑说:"你看今天的太阳多好,你是不是握住了一把阳光?"小男孩儿闻言,先是愣了一下,然后露出喜悦的笑容。

小男孩儿原本心中一片灰暗，看什么都不如意，对生活充满了抱怨。可是最后改变了什么吗？什么也没有改变。还不如停止抱怨，多看生活优待我们的地方，就像此时此刻，哪怕你手中什么也没有，你还拥有一把阳光呢！

巴菲特之所以给孩子们讲这个故事，就是想让他们明白，生活就在那里，哪怕你对它不满，它也不会因此而改变什么。最重要的是，要掌握快乐的秘诀，享受快乐，少抱怨，我们的生活才会充满阳光。

你说我说

如果一个人整天抱怨，不但会影响自己的心情，还会造成心理负担，甚至对身体也造成不利影响。因此，我们要减少抱怨。

不抱怨的世界

这天，一位作家到外地出差，到了火车站，他径直打了一辆出租车去酒店。坐在车上他才发现，这辆出租车和他以前坐过的都不同，这辆出租车的内部非常整洁，司机本人也彬彬有礼。

他刚坐稳，司机就递给他一张卡片，上面写着：欢迎您乘坐我的出租车，我将为您提供最优质的服务。作家一时间兴致盎然，便开始和司机交流。

司机问他要不要喝点儿什么，作家惊讶地问道："难道这车上还可以提供饮料？""当然，"司机说，"我这车上不仅有果汁，还有咖啡，您要不要品尝一下？"

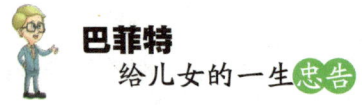

作家说:"那你能给我一杯热咖啡吗?"只见司机非常淡定地从旁边的保温桶里倒了一杯热咖啡给他,作家品尝了一下,味道还不错,不禁向他竖起了大拇指。

司机又问道:"我这车上还有报纸和杂志,您要看看吗?"作家说:"不用了。"其间,司机又说有一条更近的路,问他赶不赶时间,要不要抄近道,还是从大道走,可以多多领略城市的风景。作家听后都惊呆了,不禁好奇地问道:"你这服务也太全面了,你是怎么想到这么做的?"

司机一下子打开了话匣子:"其实一开始,我也像其他出租车司机一样,整天抱怨这,抱怨那,不是天气不好,就是收入太低,要不然就是堵车严重,反正每天都在抱怨中度过。可是突然有一天,我听到电台里请来成功学大师韦恩·戴尔博士,那天,他在电台里介绍他的新书,书名就叫《不抱怨的世界》。他的核心观点就是停止抱怨,只有这样,你才有可能走向成功。这时我才突然明白,原来我过得那么糟糕,根本不能归因于外界,而是我自己太爱抱怨。从那以后,我便停止了抱怨,开启了新的人生。"

这位出租车司机的话让作家深受启迪,他也回顾了自己的过往,他何尝不是一个爱抱怨的人呢!他决定从此刻开始改变,停止抱怨,拥抱美好生活。后来的事实证明,他做得对,并在之后取得了更显著的成绩。

抱怨会把负面情绪传染给别人,通常会导致其他人感觉沮丧和无助。这不但会影响人际交往,还会影响到工作和学习等方面。因此,减少抱怨,你会变得更好。

停止抱怨

妈妈不小心打碎了她最喜欢的一个盘子,很不高兴……

第二章
为人处世的秘诀

尊重他人方显你的素养

巴菲特名言

"每个人都是上帝安排到人间的天使。他们的存在,都有一定的道理,并不是可有可无的。尊重身边的每一个人,就是尊重上帝。"

◎ 第二章 为人处世的秘诀

巴菲特的儿子彼得有一支乐队。这支乐队的成员众多，他们性格各异，在合作的过程中，难免会出现分歧和争执。有一次，彼得因为一件小事发脾气，跟乐队的其他成员闹得很不愉快。巴菲特知道了，就告诫儿子要尊重身边的人。

在巴菲特看来，这些乐队成员是彼得的合作伙伴，也是他志同道合的朋友，更是要跟他一起创造未来的人。彼得不应该对这些人发脾气，而是应该尊重他们。

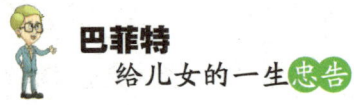

而且,巴菲特相信,彼得会这样做,除了受环境影响外,肯定也有"内心的魔鬼"在作祟。他会那样毫无顾忌地发火,是因为他内心已经产生了轻视他人的想法,这是十分危险的。尊重他人就是尊重自己,巴菲特不希望自己的儿子在将来的某一天,也要面对同伴的怒火。

因此,他非常严肃地告诫彼得,并让他牢记:在人格上,每一个人都是平等的,你身边出现的每一个人,都是上帝派到人间的天使。就算你是这个乐队实际的组建者,也不可以因为这一点就看轻他人,强迫对方服从你的意志。

巴菲特对子女的教育也不是单纯地说教,而是真正地以身作则,用自己的行为来为孩子作表率。他始终坚持这项行为准则——尊重身边的每一个人。无论是当初那个籍籍无名的年轻人,还是如今在华尔街举足轻重的大人物,巴菲特都没有改变过这一点。

对那些为自己提供服务的人,巴菲特总是给予肯定和赞许。巴菲特认为,虽然他们跟自己的工作内容完全不同,但大家都是在凭自己的劳动获取正当的财富,这样的人都是值得尊重的。

2009年,伯克希尔·哈撒韦公司召开的股东大会与往年有些不一样。

主席台背面的观众席上也坐满了人。据统计,这一年共有3.5万名股东参加大会,这个人数创造了历史新高。坐在特邀嘉宾席上的,是微软董事局主席比尔·盖茨。那些未能出席的股东,也被安排了专门的视频室。大会的全过程,除了午餐时间外,全部都在进行股东和公司管理层之间的问答。由此可见,巴菲特充分做到了尊重每一位股东,并且也在通过这种方式来获取众人的支持和信任。这就是巴菲特一直贯彻的行为准则：尊重身边的每一个人，就是尊重上帝。

你说我说

　　一个人的成功包含了各种各样的因素，而为人处世则是其中非常重要的一点。巴菲特的处世原则，不但体现了他个人良好的教养，也能够供每一个渴望成功的人学习和借鉴。尊重他人，尊重他人的劳动成果，也是在尊重和认可自己。

延伸阅读

尊重的力量

　　有一天，一位很有名望的美国富商正在街边散步。他忽然看到一个衣衫褴褛、骨瘦如柴的年轻人蹲在路边摆地摊卖旧书，手里还拿着一个发霉的面包。因为天气很冷，年轻人瑟瑟发抖啃面包的场景，让人觉得他更加可怜了。

　　富商看着这个年轻人，忽然想到自己年轻的时候也吃过这样的苦，顿时对这个年轻人产生了强烈的同情。他快步走过去，拿出8美元塞到年轻人手里，然后就转身走开了。但是刚走出几步，富商突然意识到自己的做法有些欠妥。于是，他又匆忙走回年轻人面前，满含歉意地说："抱歉，我看到你这里有两本我很喜欢的书，想买走它们。结果兴奋过头忘记拿走。"他说着就从书摊上拿起了两本旧书，并再一次道歉，希望年轻人不要介意。最后，他又郑重地跟年轻人介绍自己，说："我跟您一样，也是一位商人。"

　　两年后，这位富商应邀参加一个慈善募捐会，一位西装革履的年

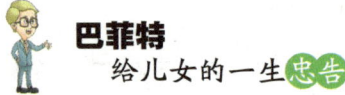

轻书商突然走过来，激动地握住他的手，说："先生，您可能已经不记得我了，但是我永远不会忘记您。我一直都认为自己这一生只能靠乞讨度日，直到那一天您亲口告诉我，'我和您一样，都是商人'。是您给了我重新开始的信心和勇气，是您让我摆脱了不堪的宿命，做出了今天的成绩……"

富商这才知道，原来面前这位意气风发的年轻书商，就是他曾经遇到的那个在街头瑟瑟发抖啃面包的可怜的年轻人。他从没有想到，自己的一句话能让一个穷困潦倒的年轻人重拾信心，找到自己的价值，并且通过努力获得了成功。

如果当初富商只是给了年轻人一笔钱，而没有出于尊重说出那一句鼓励他的话，或许这个年轻人仍旧会认为，自己是个一无是处的乞讨者。他不会因此受到鼓舞，也不会努力去发掘自身的优势和价值，那么他的命运也就不可能出现这么大的转变。由此可见，发自内心的尊重会产生强大的能量。

总结时刻

当我们表现出尊重对方的态度时，对方自然能够感受到我们的友善。这是人与人之间交往的基本原则，也是一个人素养的体现。当一个人正在怀疑自我、对一切都丧失信心时，你的善意和尊重，可能会帮助他重拾信心，获得继续前进的动力。

尊重他人

吃完午饭,爸爸把涛涛叫到了自己的房间……

多结交志同道合的伙伴

巴菲特名言

"人的一生不可能独行,你一定要有自己的朋友和知己,他们能在关键时刻为你指点迷津,在你成功的时候为你加油喝彩,在你失意时为你排忧解难。"

◎第二章 为人处世的秘诀

多年以前,在比尔·盖茨和沃伦·巴菲特还不认识的时候,双方都只听过对方的名字,甚至彼此之间还抱有很深的成见。盖茨觉得巴菲特就是个小气、固执、不了解先进技术的投机商;而巴菲特认为盖茨就是一个靠着制造时髦小玩意儿发财的幸运儿。不过世事难料,后来两人却成了莫逆之交,巴菲特曾经多次在公开场合表示盖茨是这个世界上最了解自己的人,而盖茨更是尊称巴菲特为自己的人生导师。

1991年春天,比尔·盖茨受邀参加华尔街的CEO(首席执行官)聚会,而这次聚会的主讲人正好是巴菲特。更巧合的是,两个人在会

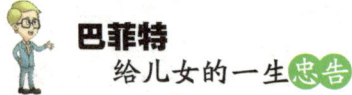
巴菲特给儿女的一生忠告

议室里面的位置恰好是挨着的。两位教养良好的成功人士,虽然在之前都对彼此怀有成见,但是在经过简单的礼貌交谈后,他们发现了对方跟自己有很多共同之处。他们都是白手起家的创业者,也都是不害怕犯错失败的冒险者,而且两人对于世界经济的看法也出奇一致。当人们催促巴菲特上台主持会议时,巴菲特才意犹未尽地走上去,结果上台的第一句话居然是:"正式开始之前,我想说一件事。今天是我和比尔·盖茨第一次交谈,我觉得他比我聪明。"

随着两人交往越来越频繁,他们也更加欣赏彼此。盖茨知道了巴菲特不是一个"老顽固",巴菲特也认识到盖茨不是什么"暴发户",他们对财富有着相同的看法。正因如此,当2006年盖茨宣布退出微软,专心经营慈善基金会时,巴菲特立刻决定将370亿美元的资产捐献给盖茨的基金会。在接受采访时,巴菲特说:"我选择捐款给这个基金会的原因有两个,第一个原因是我认为这是全世界最健全的慈善组织,第二个原因是我相信我最好的朋友——盖茨和梅琳达。"

巴菲特曾经这样教育自己的孩子:人的一生不可能独行,你一定要有自己的朋友和知己,他们能在关键时刻为你指点迷津,在你成功的时候为你加油喝彩,在你失意时为你排忧解难。

当他的孩子们还小的时候,巴菲特就鼓励他们多跟社区里的小朋友一起玩,因为童年时期建立起的友谊最纯粹,也最容易长久保持下去。在孩子们长大后,巴菲特也一直教育自己的孩子要结交良师益友,提升自身的能力和修养。

◎第二章 为人处世的秘诀

你说我说

人生不能独行，结交良师益友对自己的人生有着至关重要的作用。一个品行出众的人，会通过自己的一言一行对周围的人产生积极的影响。与这样的人成为朋友，我们就会潜移默化地得到提升，从而变成更优秀的人。

马克思和恩格斯

马克思与恩格斯之间的友谊，是世界上最伟大的友谊，没有任何一种友谊能够与之比拟。每当马克思与别人谈起他与恩格斯的合作时，他总会表现出对恩格斯才华的钦佩，而且马克思认为，他研究工作的前进方向一直是在追随恩格斯的脚步。无独有偶，在谈起两人合作进行的许多工作时，恩格斯则认为自己一直是处在第二位的，而他的挚友马克思才是处于主导地位的那个人。正因为两人之间的这种伟大友谊，才有了《资本论》这本伟大著作的诞生。

1848年，欧洲社会动荡不安。大革命彻底失败以后，恩格斯不得不返回曼彻斯特处理各项与营业相关的事务。远离自己热爱的科学研究，整日被各种琐事缠身，这种生活让恩格斯变得非常暴躁。他经常对身边的人抱怨："这该死的生意经！"每次说出这句话，恩格斯的内心都有一种冲动，那就是立刻摆脱现在的生活，投身到自己热爱的政治科学研究事业中。

但是，只要他一想起那位正在英国逃亡的挚友马克思，想到他每天只能靠面包和马铃薯充饥，却还在坚持他们的研究事业，他就重新

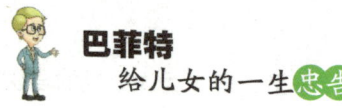

找到了坚持下去的动力。他告诉自己:"我要坚持下去,为他提供资助,这样才能早日实现我们的共同理想。"

马克思和恩格斯虽然有20年不曾相见,但是他们的思想交流却从未间断过。他们每天都会给对方写信,讨论自己对政治和科学的最新看法。在马克思艰难的逃亡生涯中,阅读恩格斯的信件成了他每天最喜欢做的事情。反复研读恩格斯的信件,就像是在和恩格斯对话,这能让马克思获得巨大的力量和鼓舞。

1867年8月16日,马克思完成了《资本论》第一卷的校对工作,他怀着激动的心情立刻将这个好消息写信告知恩格斯。而在一个月之后,《资本论》就正式在德国汉堡出版发行,这不仅是两位思想巨匠的劳动成果,也是影响了全世界历史进程的伟大思想著作。

总结时刻

美好的友谊,就是要互相支持和鼓励,肯定彼此的才华,为朋友的成功开心,在朋友遭遇挫折时给予鼓励和帮助。与志同道合的人成为朋友,我们不仅收获了一份友谊,还获得了事业上最坚定、最可靠的合作伙伴,这让我们在努力拼搏、追求成功的道路上不再孤独,能带给我们无比强大的勇气和决心。

好朋友

星期六下午,涛涛忐忑地走到妈妈面前……

心怀感恩

巴菲特名言

"如果一个人不懂得感恩,他就不配得到别人的爱。当他人帮助了你,你一定要表示感谢。"

◎第二章 为人处世的秘诀

故事在线

　　巴菲特一直对自己的恩师格雷厄姆敬重有加,说他投资低价股,全仰仗恩师的指导。不仅如此,恩师还告诉他不少做人的道理。比如,当他人对你的观点表示认可时,并不意味着你的观点就是对的,而只有当你的判断是基于事实做出来的,你的观点才是对的,这样你才能理直气壮地站在对的那一方。为此,巴菲特一直心怀感恩。

　　巴菲特在教育自己的子女时,一直非常重视感恩教育。他常说,爱和被爱是相辅相成的,只有懂得爱的人,才有资格被爱。如果一个

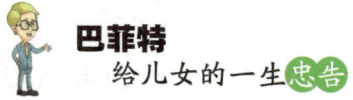

人不懂得感恩，他就不配得到别人的爱。当他人帮助了你，你一定要表示感谢。

当女儿苏茜投身于慈善事业时，巴菲特总是不厌其烦地告诉女儿感恩是多么重要，教导她广施感恩的种子，让这个世界变得越来越好。巴菲特说，在工作中你要记得将爱心播撒出去，而那些受到帮助的人要对捐助的人心怀感恩。

投身慈善事业的富人越来越多，这当然是一件好事，可是不好的事情也接踵而至。一些得到帮助的人，转眼间就忘了帮助过自己的人，毫无感恩之心。巴菲特希望女儿能在这方面努力，在这些人身上播撒爱的种子。让他们明白他们今日得到的并不是永久的，当他们得到时，至少要懂得感恩，才会有后续的故事。

曾经有这样一条捐助新闻让人们不胜唏嘘。一位富人一直资助几个家庭贫困的孩子上学，起初，那几个孩子还会向他表示感谢，时不时给他写信、打电话。可是久而久之，他们似乎忘记了那个富人的存在，觉得他帮助他们是应该的，他们也理应得到他的帮助。很显然，这些孩子缺乏感恩教育，他们最后也自食苦果，那个富人无法忍受这些受捐助者对他的态度，不再帮助他们，还要求他们给他道歉。

我们只有时常怀着感恩之心，才能坦坦荡荡地行走在这人世间，感受这世间更多的美好。没有人有义务给你任何东西，当有人给了你一些东西，你就要对他说一声谢谢。

人这一生，要感恩的人太多，要

感谢父母辛苦将我们养大,感谢老师对我们的悉心教导,感谢领导对我们的提携,感谢同事对我们的帮助,等等。心怀感恩,我们的世界才会充满阳光。

你说我说

我们要时刻怀有感恩之心,感谢父母给我们生命并抚养我们成长,感激那些曾帮助过我们的人们,感谢恩师的教导和朋友的陪伴,以及感谢大自然的慷慨馈赠与包容。

沙漠和石头

有这样两个人,他们从小玩到大,感情甚笃,相约一起去沙漠中旅行。一开始,一切都很顺利,两人有说有笑,欣赏着沿途的美景,吃着自带的美食,还时不时合影留念。可是谁知走到一半时,其中一个人说:"那边有一块绿地,我们赶紧朝那边走吧!"另一个人说:"这就是传说中的海市蜃楼,你不会连这个都不知道吧?"这个人说:"就你博学,你什么都知道。"另一个人说:"哈哈,你为什么这么生气?我只是好心提醒你而已。"这个人说:"你这是提醒我吗?我看你明明就是嘲笑我才对!"另一个人也生气了,叫道:"真是不识好歹,我好心提醒你,倒变成我的不是了,真是的!大不了分头走。"他的同伴也毫不示弱:"分头走就分头走,谁怕谁!"两个人都气鼓鼓的。谁知,另一个人从同伴手里抢拐杖时,不小心推了他一把,同伴一下子倒在地上,可是他正在气头上,哪管得了这么多,就径直走了。

同伴难过地哭了起来,然后在沙漠中写下:"今天我朋友推了我一下。"之后便踽踽独行了。谁知他走了几步,就一脚踏到沼泽地,他绝望地大叫:"救命啊!救命啊!"另一个人赶紧跑过去,费尽九牛二虎之力才将他拉了上来。他被救起来以后,对另一个人说:"谢谢你救了我,我很抱歉刚刚那样对你。"然后在石头上刻下:"我的同伴今天救了我。"另一个人疑惑地问道:"我刚刚推了你,你为什么写在沙漠里,而我救了你,你却刻在石头上?"他的同伴笑眯眯地回答:"如果别人有做得不好的地方,我就要快点将它忘记,而当别人对我有恩时,我就要牢牢记住。"

对于我们每个人来说,感恩都是一门重要的功课。人生在世,遇到坎坷是在所难免的,我们也总会需要他人的帮助,这时我们应该真诚地向他人表示感谢,生活就会多云转晴。懂得感恩,我们就会少一些抱怨,多一些欣喜。

烤焦的面包

早上起来,涛涛主动做早饭,却把面包烤焦了……

做一个善于倾听的人

巴菲特名言

"如果我不能对一个人说出美好的话,就保持沉默,多听听别人在说什么。"

◎第二章 为人处世的秘诀

故事在线

　　巴菲特的儿子彼得是一个很有个性的年轻人,无论在学业还是在事业上,都非常有主见,很少在意别人的看法。虽然这在很多年轻人看来显得很酷,但是巴菲特觉得儿子这样下去是不行的,于是他决定给儿子一些善意的忠告。

　　巴菲特说:"我的父母对我说,如果我不能对一个人说出美好的话,就保持沉默,多听听别人在说什么。"彼得觉得父亲的话虽然没

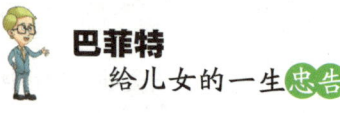

错,但对自己似乎没什么帮助。

看到儿子不以为然的表情,巴菲特接着又说:"我相信父母的教导。作为一个领导者,你先要学会倾听,让下属尽可能地多说。最后,大多数人都会自己把问题解决了。"

彼得觉得父亲说的是比较理想的情况,自己的团队显然不是这样,但是他也想听听父亲的建议,于是说出了自己的困惑:"我也尝试过让他们自己解决问题,这样我的工作也能轻松一点。但实际上,在遇到问题时,他们除了给我找麻烦,并不能提供什么帮助。"

巴菲特严肃地对彼得说:"彼得,你要注意自己说话的态度和方式了,虽然有个性并不是坏事,但是在团队中如果不学着收敛,可能会引起麻烦。"

彼得想了想,说:"那您觉得我该如何改进呢?"

巴菲特建议:"你可以在交流中尽量说一些别人喜欢听的话。"

彼得又问:"只是说好听的话?这能解决什么工作问题?"

巴菲特说:"这能让你的下属更喜欢你,而不是在工作中给你制造麻烦。"

彼得忽然想到,自己曾经听父亲身边的人说过,父亲虽然不爱说话,但是在与人交谈时非常亲切随和,他们都愿意和父亲一起工作。于是,彼得若有所思地说:"我知道了,我会学着收敛脾气。"

巴菲特看到儿子听进去了,非常欣慰。于是,他又嘱咐儿子说:"做一个会说话的人,倾听是很重要的。"

彼得说:"我记住了,我会学着做一个善于倾听的人。"

◎第二章 为人处世的秘诀

你说我说

倾听，在人际交往中往往能起到非常重要的作用。当你在交谈中认真倾听对方说话时，既能表现出你对谈话者尊重的态度，也能让你快速地获取信息，了解对方当前的情绪和状态。当需要你做出回应时，也能知道说什么话是最合适的。

乔·吉拉德与客户

乔·吉拉德曾经拜访过一个有趣的客户。他来到客户家中，却没有机会为客户介绍产品。因为刚一坐下，客户就兴致勃勃地谈起自己的儿子。

客户骄傲地说："我的儿子很快就能成为医生了。"

乔·吉拉德感叹道："那可真是太好了！"

客户接着说："我儿子一直都非常聪明，在他还是个婴儿的时候，我就发现了这一点。"

乔·吉拉德附和道："我猜他在学校里的成绩很好。"

客户说："当然，他是班里成绩最好的学生。"

乔·吉拉德笑着说："这一点我毫不怀疑，也相信他会成为一名优秀的医生。"

客户听了很高兴，接着说："是的，他正在密歇根大学学医，我真为他感到骄傲……"

客户从孩子出生一直说到了他上小学、中学、大学的各种趣事。一直到乔·吉拉德离开，他都没有跟客户提过一句关于自己产品的事，

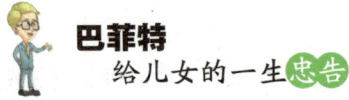

但他并没有气馁,而是非常有礼貌地道别,并约定了电话回访的时间。

第二天,乔·吉拉德按照之前约定的时间给客户打电话,礼貌寒暄过后,客户直接说:"你昨天来是为了给我推荐你的汽车,是吗?"

乔·吉拉德说:"是的,昨天跟您聊得非常愉快,结果忘记了介绍产品。"

客户哈哈大笑,说:"不用介绍了,我决定从你手里买车。"

乔·吉拉德很惊讶,直截了当地问:"为什么?您甚至都没了解过我的产品。"

客户说:"我儿子吉米是我最大的骄傲,而昨天在我跟你聊起他的时候,你一直在认真倾听,没有一点儿不耐烦的样子。"

乔·吉拉德这才知道,原来是自己认真倾听的行为打动了客户,为自己争取到了这笔订单。

语言表达在日常交流中虽然非常重要,但倾听的作用也不容忽视。因为倾听是一种表达尊重和亲近的态度,在某些情况下,倾听更能拉近人与人之间的距离。

只有认真倾听,才能真正地了解对方,而认真倾听后做出回应,才能走进对方心里,让他感受到你的真诚和友善。

不认真听讲的后果

上学的路上,涛涛遇到了小胖……

说话要讲究艺术

巴菲特名言

"要多赞美别人,多说别人的好话。"

故事在线

巴菲特不喜欢闲聊,他超凡的智慧和工作能力也总是让人觉得他是一个十分严肃的人。然而

◎ 第二章 为人处世的秘诀

事实上,他是一个率直、随和的人,他幽默风趣的谈话风格,也让人们津津乐道。

巴菲特的外表并不会给人留下深刻的印象,如果你之前不认识他,在路上遇到也不会觉得这个人有多特别。而巴菲特也不介意外表的平凡,甚至还以此来调侃自己。

曾经有一位美国记者在采访时问巴菲特:"你这么富有,为什么不喜欢穿名牌西装?"

巴菲特开玩笑似的说:"不是我不喜欢名牌,而是无论什么名牌穿在我身上,看起来都不像名牌。"

如果你曾经看过《巴菲特致股东的信》,那么你对他幽默风趣的说话风格,可能会有更深刻的体会。在1999年的年报里,他曾经这样说:"就算是乌龙侦探克鲁索,也能轻易地看出你们的董事长有罪。"他还说,如果要给自己在1999年的资产配置成绩打个

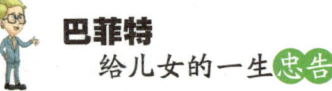

分,那他只能拿个"D"。巴菲特高超的投资技巧,只能用"艺术"两个字来形容,这是众所周知的事实。正因如此,也只有巴菲特本人才能毫无顾忌地拿自己的投资技巧来开玩笑,而不会让人反感。

在谈到投资话题的时候,巴菲特曾说:"我们像是一群迷途的小鸟,误入了羽毛球赛场,到了年终,大大小小的投资者全都伤痕累累。2008年,我在投资方面做了不少蠢事,犯下了大大小小的错误,至少有一个是重大错误。而且我因为疏忽大意错失了时机。当新的情况出现时,我本应该立刻采取行动,结果却裹足不前,我应该反省自己。我们还可以预测一些情况,比如在2009年,经济情况会更加混乱,这种情况可能还会持续一段时间,但是我们无法据此判断股市的涨跌。"

即便在世人眼中,巴菲特已经成为华尔街的英雄,但是他本人一直以一种谦逊平和的态度来看待这一切。正是这种谦和的处世风格和幽默的说话方式,让他的合作伙伴都愿意成为他的朋友。尽管做人低调,巴菲特的一举一动仍旧时刻牵动着众人的目光。不过,关于这一点,巴菲特本人并不这么认为,甚至在别人问起的时候,他还自嘲说:"我也观察过自己的一举一动,并没发现什么令人印象深刻的地方。"

◎第二章 为人处世的秘诀

你说我说

巴菲特创造的传奇总会让人觉得很有距离感，但是他能凭借自己高超的谈话技巧，拉近自己和他人的距离，并与周围的人建立长久的友谊。由此可见，日常交往中，一个亲切健谈且幽默风趣的人，无论在什么时候都是十分受欢迎的。

约翰·艾伦的演讲

美国内战结束后，战功赫赫的陶克将军曾经两次被选为国会议员。对于这次的换届选举，陶克将军也非常有信心。因为他的竞争对手约翰·艾伦曾经是他手下的一名普通士兵，陶克并不觉得这个人有什么厉害的地方。

候选议员为了给自己拉选票，会在很多地方进行演讲。陶克将军在演讲的时候经常会回忆他在战争中经历的困难，这也帮他赢得了很多人的支持。在这次的演讲中，他依旧讲述了自己的一次战争经历。他说："同胞们，在十七年前的昨晚，我曾经带领手下的士兵在茶座山和敌人展开战斗。那次战斗持续了很久，我们虽然有伤亡，却还是赢得了胜利。"

陶克一边说，一边观察听众们的反应，发现大家都被自己的演讲吸引，于是接着说："战斗结束后，我因为太累，就直接躺在树丛里面睡着了。同胞们！如果你们没有忘记那次艰苦的战斗，在这次选举中，也请不要忘记一个吃了无数战争的苦却也立下了不少战功的人！"

说完这番话，陶克将军自信满满地走下演讲台。看到在他之后走

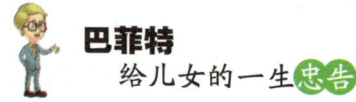

上台的约翰·艾伦,他也只是礼貌地点点头,并没有放在心上。

约翰·艾伦走上讲台,并没有按照之前准备的内容开始演讲,而是接着陶克将军的战争回忆往下讲。他微笑着说:"同胞们,陶克将军确实在茶座山立下了不朽的战功,但是我也不差。我当时是他手下的一个无名小卒,不但在战斗中要为他冲锋陷阵,打赢了以后还得拿着武器在山脚下巡逻,保证咱们的将军能在树林里安稳地睡觉。"说完,约翰·艾伦还做了个鬼脸,愁眉苦脸地叹气,惹得下面的选民哄堂大笑,陶克将军演讲时候的严肃气氛已经完全消失了。

陶克将军虽然有战功,但是他说话的方式难免会给人带来压力。而约翰·艾伦不一样,他轻描淡写地说出了自己在战争中的贡献,还用一种幽默的方式来博取同情和好感,最终他在这次竞选中获得了胜利。

优秀的品格、渊博的学识、出众的技能,都是能帮助我们取得成功的重要因素。但是在人的一生中,不是所有的事情都可以凭借个人能力解决,我们总会有需要他人帮助和支持的时候。这时,沟通的重要性就会凸显出来。一个善于沟通的人,往往能够快速地和他人建立联系,并找到与他人最适合的相处方式。很多看似困难的局面,他们都能以机智幽默的谈话轻松扭转,并且让每个人都满意。

语言的艺术

周日,涛涛跟着妈妈去逛街,遇到了妈妈的老同学……

换位思考永不过时

巴菲特名言

"当我们暂时放下自己的成见,主动去了解他人,站在他人的角度思考时,才在良好人际关系的道路上更进了一步。"

◎ 第二章 为人处世的秘诀

我们时常会这样夸赞一个人,说他情商很高,这样的人通常很受欢迎。那么高情商到底是如何培养的呢?我们先一起来看看巴菲特的小儿子彼得的故事吧!

巴菲特常被朋友们夸赞通情达理,哪怕前妻苏珊要离他而去为自己的事业奋斗时,他也没有丧失理智、暴跳如雷,而是站在苏珊的角度,理解并尊重她的选择。而他懂得换位思考的这一好品质也被他的几个孩子看在眼里,尤其是小儿子彼得。

彼得正是娴熟地运用了换位思考的策略,才在广告配乐领域取得了令人骄傲的成绩。他一开始进入广告配乐行业时,遇到了不少挫折。他的音乐被委托方评价不符合市场需求,哪怕他具有熟练的音乐技巧,且非常有灵性,可依然不被委托方所接受。彼得一开始愤愤不平,可是当他换位思考以后,他认可了委托方的做法。哪怕他的音乐做得再好,没有市场也是白搭。于是,在接到下一个广告音乐的编辑工作以后,他没有继续闷在工作室里夜以继日

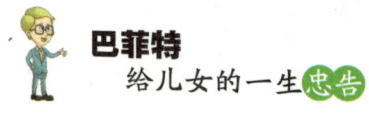

地创作，而是来到了嘈杂的市区、公园的小道、商场的大厅等地方。他在这些地方驻足聆听，听人们都在谈论什么话题，大家有什么样的喜好，进而给他的配乐定下主题。就这样，他在这一行业做得越来越风生水起。这一切都源于他将换位思考运用到了极致。

彼得在和父亲就换位思考这个话题进行探讨时，双方都认为一个人只有具备强烈的好奇心，才更容易站在对方的立场想问题，才会谦卑地了解他人在想什么。当我们暂时放下自己的成见，主动去了解他人，站在他人的角度思考时，才在良好人际关系的道路上更进了一步。

换位思考不仅有利于人与人之间保持和谐的关系，更有利于我们开展工作。不管你从事的是哪一个行业，如果你时常进行换位思考，就会对他人多一份理解，工作中也会少一些冲突，更有利于提高业绩。

很多成功人士都非常擅长运用这一策略，当他们有了目标人群时，他们会换位思考，满足这些人的心理需求，从而为自己所用。

换位思考这一理念不仅可以运用到人际交往中，还可以运用到我们的整个人生历程，让我们的人生变得更加完美。

◎第二章　为人处世的秘诀

你说我说

我们在与别人产生分歧时，可以尝试从他们的视角来审视问题并设身处地地为他们着想，这样就可以了解对方的难处，消除心中的隔阂和冲突。

合格的秘书

拿破仑·希尔是世界上首屈一指的励志成功学大师。在美国，他的名字可谓是人尽皆知，他所创建的成功哲学和十七项成功原则，以及他永远饱满的热情，让千千万万人都深受鼓舞，所以人们亲切地称他为"百万富翁的创造者"。

这一年，由于事务太多，拿破仑·希尔实在是忙不过来，于是他决定聘请一位秘书来帮助自己处理杂事。拿破仑·希尔将招聘信息写好以后发给当地的报纸，请他们帮自己发表。第二天，招聘广告一经刊出，他就收到了如山般的信件。拿破仑·希尔拆开了其中的几封信件，开头一律是这样写的："得知您正在招聘秘书，我非常希望能得到这一职位。我叫某某，今年某某岁，从某某学校毕业，希望能成为您的得力助手。如果我应聘成功了，我一定会努力工作，保证不会让您失望。"

这样的开头，拿破仑·希尔已经有些审美疲劳了，他不明白，这些人为什么不能站在他的角度考虑问题，想象一下如果自己是招聘者，希望看到什么样的简历呢？如果简历都是千篇一律的，自己如何才能脱颖而出呢？

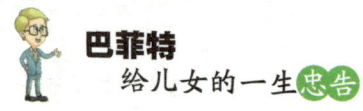

可是不管怎样，拿破仑·希尔还是需要一个秘书，于是他决定继续拆几封信看看，看能不能找到那个令他眼前一亮的人。接下来几封也是一个套路，正当他准备放弃时，突然看到一封别致的信，他相信自己要找的秘书就是这封信的主人。

这封信的开头是这样的："敬启者：您的招聘广告一经刊出，势必会吸引成千上万的人寄来求职信，我相信您一定忙得脱不开身，没有时间一一阅读。那么，现在您的问题有了解决办法，您只需要拨打下面这个电话，我就会飞速赶过来帮您处理信件。您不用担心我会因此忙得焦头烂额，在过去十五年的时间里，我一直都在处理类似的工作。"

拿破仑·希尔说："如果人人都像这封信的主人一样，懂得换位思考，能够设身处地地站在他人的角度考虑问题，并真正帮助他人解决头疼的问题，那么何愁这个世界的舞台不是为他准备的呢？"

总结时刻

换位思考就是要求我们要学会尽量站在对方的立场上，用他们的视角来思考。我们要以善意的眼光看待别人，就算是对方犯了错，也不要对他们进行抨击，要学会谅解他们。

换位思考

涛涛考试考得不好，愁眉苦脸的……

第三章
一生要遵守的准则

拥有再多的财富也不如拥有知识

巴菲特名言

"知识是最容易保存的东西,而且永远不会生锈。更重要的是,没有任何人能从你的身边把它夺走。拥有再多的财富也不如拥有没有疆界的知识踏实。"

◎第三章 一生要遵守的准则

故事在线

巴菲特利用自己丰富的股票知识在股市上畅通无阻，积累了大量的财富，成为人人艳羡的"股神"。他认为，他的成功离不开蓬勃发展的知识经济，以及他掌握的丰富的股票知识。

早在19岁之前，巴菲特就把图书馆中有关金融投资方面的书籍都读了个遍，还对所有的致富书籍进行了研究，并抓住一切可以投资的机会赚钱。遗憾的是，他并没有取得成功。正如巴菲特自己所说，他到处寻找滚雪球的机会，虽然找到了很多，但没有找到一个大的，甚至有些好的雪球最后也碎了。

就在巴菲特感到迷茫的时候，他读到了一本书——《聪明的投资

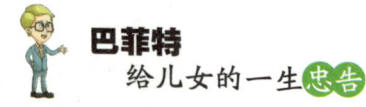

者》，它的作者是价值投资的鼻祖格雷厄姆。读到这本书后，巴菲特感觉自己就像在漆黑中漫无目的地摸索前进时，突然看到了一缕亮光，为他指明了方向。他如饥似渴地读完了这本书，犹如醍醐灌顶。

当时，格雷厄姆正在哥伦比亚大学任教，巴菲特立即前往哥伦比亚大学攻读研究生，毕业后，他又争取到了去老师创办的投资公司就职的机会。随后，他将毕生的精力都投入价值投资的理念当中。

巴菲特上班后，将大部分的时间都放在了阅读上。他很喜欢阅读年报、书籍和杂志，并从中获取市场信息，尤其喜欢读《华尔街日报》。为了尽早拿到报纸，巴菲特还跟奥马哈邮局约定好，每天半夜报纸送达后，先在他的窗台放上一份。有时候巴菲特为了早点看到第二天早上的报纸，半夜就起来等着。他乘坐飞机的时候，也是一路都在看报纸。

通过阅读，巴菲特抓住了知识经济时代的脉搏。他从多位杰出投资专家的思想精髓中汲取营养，形成了自己独特的、行之有效的证券分析理论和方法，这使他总能在市场大潮中获得优势地位并保持强劲的发展势头。

巴菲特认为，自己之所以能够投资成功，靠的就是知识。在进行任何一项投资之前，巴菲特都会进行大量的研究和评估工作，判断要不要进行投资。巴菲特十分看重知识，在教育子女时，他总是说自己的成就都来自知识。因此，在儿子霍华德提出要退学时，他虽然没有表示反对，却也鼓励儿子要不断学习新知识。因为他明白，知识没有边界，学习也没有止境。

◎ 第三章 一生要遵守的准则

你说我说

无形的是知识，有形的是财产；知识是珍贵的，它的身价远高于金银财宝等有形的资产。一个人虽不必非得拥有高学历，但不具备千金难买的知识和技能是十分危险的。

霍华德开农场

霍华德从小就对农业十分感兴趣，还把家里的后院变成了一片玉米地。后来，他跟父亲巴菲特提出要退学开农场。巴菲特听到儿子的话并没有发火，也没有阻止他，而是问了他几个问题："你知道土壤的酸碱性吗？你知道什么样的土壤适合种植什么样的农作物吗？你知道如何使用播种机、撒药机等设备吗？"

对于这些问题，霍华德一时间自然无法给出准确答案。巴菲特告诉他："我问这些不是要难为你，而是要告诉你，开农场并不像你看起来那么简单。管理农场和经营公司差不多，只有深入了解土地的特性，才能从容应对各种突发的事件。只有掌握了足够多的专业知识，才能有自信心和安全感。"

霍华德当然知道父亲说这些都是为自己好，他也知道，父亲说的都是对的，不管什么时候都要汲取知识。因此，他遵照父亲的建议，养成了随时读书的好习惯，就算在农忙时节，他也会挤出时间看书。

为了开办农场，霍华德从父亲手里借了一笔钱，为了还钱，他要加倍努力。霍华德知道，如果自己不具备农学的相关知识，就无法妥善应用这些技术于田地中，一旦遇到突发情况就可能会遭受巨大的损

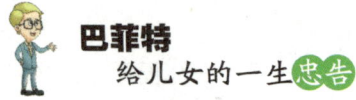

失。另外,灵活使用知识同样重要,这样才能保证他能够尽快还清父亲的钱。知识在我们的大脑中就像满满一盆小麦粉,而要将它转化为美味的面包则需要灵活运用合适的方法和配料,只有将它们完美地结合,才能够制作出让人垂涎欲滴、满足口腹之欲的面包。

在霍华德开始他的农业之路后,巴菲特并没有撒手不管,有一次他悄悄去了儿子的农场,看见儿子正全神贯注地工作,累得满头大汗。巴菲特最终松了一口气,他相信霍华德有能力实现自己的目标。

事实证明,霍华德并没有辜负父亲的期望。他的农场状况越来越好,几年后,他以比租用价格高几倍的价格将农场转租了出去。

即便家财万贯,也难免有陷入贫困的一天;哪怕地位显赫,也有失去影响力被遗忘的那天。只有知识是属于你的独一无二的东西,无法被人剥夺。

选 择

这天,妈妈问了涛涛一个问题……

做自己喜欢的事情

巴菲特名言

"我一直认为,自己喜欢的就是最好的,不管是对人,还是对事。因为喜欢,我一定会倾注我的全部感情去面对,最终的结果对我来说,已经不是那么重要了。我只需要那个喜欢的过程。"

故事在线

霍华德在学业上并不顺利,先后从3所大学辍学。他也曾做过很多工作,最后发现只有在做农活时自己才最快乐。于是有一天,霍华德突然向巴菲特提出,自己要退学办农场。虽然巴菲特向来主张对孩子采取宽松教育的方式,但是在听到霍华德的话后,他还是有些犹豫。因为巴菲特和大多数人一样,认为学习才是通往成功的正确道路,如果放弃学业,就像走入一条崎岖坎坷的道路一样。但是霍华德已经下定了决心,巴菲特也无法强力反对,最终,他同意了霍华德的请求。

巴菲特的夫人苏珊对此很不满,她觉得这种做法就是在纵容霍华

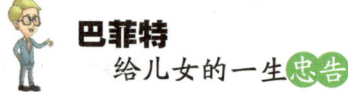

德，让他走上一条毫无前途可言的道路。但是巴菲特说，不管什么时候，做自己喜欢的事情都是正确的。

在孩子们小时候，巴菲特对他们就没有什么要求，而是鼓励他们做自己喜欢的事。不管他们喜欢玩还是唱歌跳舞，他都十分支持，并提供给他们丰富多样的选择。

巴菲特认为，一个人只有在面对自己喜欢的事情时，才会全力以赴，从而达到人生的巅峰。以巴菲特自己为例，他很小的时候就对赚钱很感兴趣，后来又研究股票，才有了如今的成就。他认为，虽然选择的过程有些痛苦，但做好选择后，只要尽力，就能取得成功。

不过，巴菲特并没有立刻表态，他想知道儿子是真的喜欢农业，还是一时冲动。倘若霍华德只是一时冲动，巴菲特希望儿子能冷静下来权衡利弊，看看霍华德是否清楚现在的选择会对未来的发展产生怎样的影响，他是否有勇气去面对可能遇到的困难？他是否能够过上自己梦寐以求的美好生活呢？如果霍华德的回答是肯定的，那么巴菲特就会全力支持他。

在得到霍华德的肯定回答后，巴菲特才彻底放下心来，决定全力支持霍华德。他对霍华德说："既然你这么喜欢农业，又进行了慎重的思考，那我一定会支持你。"

于是，巴菲特拿出一笔钱借给了霍华德。就这样，对农业怀有极大热情的霍华德开起了农场，当上了农民。因为他对农业感兴趣，所以将农场经营得十分红火。

巴菲特认为，做自己喜欢的事是非常快乐的一件事，因为当你心

◎第三章 一生要遵守的准则

怀喜悦、全情投入时，效率会更高，也更有灵感，因而更能取得卓越的成就。

你说我说

要过上真正的幸福生活，我们必须记住生命中最重要的价值就在于能够按照自己的意愿去生活并追求所钟爱的事业与爱好。如果被迫从事自己厌恶的工作或活动，我们的心灵将遭受重创并且无法体会到快乐。

痴迷股票的巴菲特

有一次，巴菲特接受了《福布斯》杂志的采访，他说："我从11岁开始，就对股票非常感兴趣。我的父亲在哈里斯·尤浦汉姆公司做股票经纪人，我也曾在那里工作过。当时我要做的工作很多，包括股市行情提示和制图资料收集等。忙完后，我就会阅读格雷厄姆的《聪明的投资者》，宛如在茫茫黑夜中看到了远处的灯光。"也正是这本书让巴菲特萌生了师从格雷厄姆的念头。当时，格雷厄姆正在哥伦比亚大学任教，巴菲特便考入哥伦比亚大学，在格雷厄姆门下攻读研究生。

后来，巴菲特进入格雷厄姆的投资公司工作。在为格雷厄姆工作的几年间，巴菲特学到了很多实用的知识，也开始系统地思考自己的投资方式。他说："我一直做着我热爱的工作。不考虑其他因素，如果你因为快乐而从事一份工作，那它就是你应该选择的工作。这样你能够学到很多东西，并感受到工作的无限乐趣。虽然将来可能会发生变

化,但从事你热衷的工作将给你带来很多很多。最初的工资有多少并不重要。"

在之后的几十年里,巴菲特一直保持对股票的热爱,从而一步步走向成功。在谈及往事时,他说:"如果你觉得得到两个X比得到一个更开心,那你可能会犯错。重要的是找到生活的真正意义,做你喜欢做的事情。如果你觉得得到10个或20个X是你生活的全部答案,那么你就会做出短视和不明智的选择,从而去做一些愚蠢的事情。多年之后,你会不可避免地后悔当初的所作所为。"

了解了巴菲特的经历后,我们不难发现,要想获得事业上的成就,我们必须满足两个条件:第一是做你所热爱的事;第二是你必须在工作中保持深思熟虑、积极主动的态度。如果你能够全身心投入热爱的领域并在其中坚持不懈地努力奋斗的话,你的目标就一定可以实现!

做自己喜欢的事情体现了对于自由及幸福的执着追求。想要在有限的人生中活出无限的精彩,选准一件事并持之以恒地做下去便是最佳之策。坚守所爱并将工作化为享受者,则可一生享受快乐以及内心的安宁和平静。

兴趣班

妈妈准备给涛涛报一个兴趣班,于是征求他的意见……

行动之前要思考

巴菲特名言

"做任何事情,在行动之前,一定要经过周密的思考。盲目行动或者跟风行动,往往难有好的收获,相反会给自己带来一些致命性的打击,比如炒股。"

◎ 第三章 一生要遵守的准则

霍华德在农场站稳脚跟后，不断收集市场信息，加以思考总结，成功把握商机，生意越做越好。对此，巴菲特十分欣慰。

后来，霍华德成了一名共和党人。巴菲特认为，既然霍华德要涉足政治，他的行为就必须更加审慎，在采取行动之前一定要深思熟虑，制订合理的计划，而不能草率行事。因此他告诫霍华德："思考永远是行动的前导，不管做什么，都要先思考再行动。"

巴菲特告诉霍华德，只有养成思考的习惯，才能在面临各种困境时保持冷静的头脑，进行全面考虑。在处理任何事情时，霍华德都应谨记自己的责任和义务，不能给别人落下把柄，对自己的声誉造成损害。因此，为了避免受到非议，霍华德必须事先做好一切，这需要

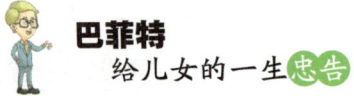

他在采取行动之前进行周密的思考,并选择最适宜的行动。随着时间的推移,霍华德将面临越来越多重要的事情,接触各种不同的人。学会思考,对他生活和工作的品质会产生重大的影响。

巴菲特觉得,自己的成功在很大程度上都要归功于勤于思考,总结规律。因此,他在教育子女时也多次强调勤于思考的重要性。当然,他也认为任何事情都有两面性,思考也是一样的。思考超过一定的度,也会变成过度担忧,就会适得其反。GEICO(盖可保险)是巴菲特投资的第一个证券股票,当时,巴菲特崇拜的本杰明·格雷厄姆正担任这家公司的财政主席。虽然所有人都不看好这只股票,巴菲特却决定购买。

当然,巴菲特这么做并非出于对格雷厄姆的崇拜,而是经过深思熟虑后才做出的决定。巴菲特拿了一张纸,写下了所有可能出现的情况,并根据自己掌握的知识分析出了各种可能的结果。之后,他才决定购买GEICO。事实证明,巴菲特的决定十分正确。1996年,巴菲特甚至买下了GEICO的全部流通股。时至今日,GEICO已经是美国第二大汽车保险公司。

巴菲特在证券领域的投资一直为人津津乐道,大家看到的都是他光辉灿烂的一面,鲜有人知道他在做出决定之前投入了多少心血,进行了多少思考。

经过无数次实践,巴菲特明白,在行动之前进行仔细的计划与认真的思考是至关重要且必不可少的。

◎第三章 一生要遵守的准则

> **你说我说**
>
> 在采取行动以前，需要先深思熟虑并确定正确的方向。如果方向正确，我们就不会感到困惑或者迷失前进的道路。因此，不要做一名盲目行动的实践者。

灯泡的体积

爱迪生身边有一位名叫阿普顿的助手，他以优异的成绩毕业于普林斯顿大学，在数学方面尤其出色。

一天，爱迪生交给阿普顿一个半成品的没上灯口的空玻璃灯泡，对他说："你帮我测一下它的体积。"

阿普顿看着这个梨形的玻璃灯泡，有些为难。因为这个灯泡的形状不规则，无法套用现有的公式。没办法，他只好把灯泡每个部分的尺寸都量了一遍，又画出了它的立体图和剖面图，还列出了一些公式。可是，他忙活了两个多小时，还是没有算出结果，不由得有些着急。

爱迪生等啊等，也不见阿普顿把算好的数据拿来，就亲自来到了阿普顿的工作室，见他正在埋头苦算，就笑着问："算出来了吗？"

阿普顿有些窘迫地说："太难了，这个灯泡的形状不规则。"

爱迪生说："你这么算不但费时，还无法得出正确的结果。"

阿普顿有些疑惑地说："我已经把我知道的所有公式都列上了，如果这样都算不出来的话，我实在想不到其他办法。"

爱迪生拿起灯泡，往里面倒了一些水，对阿普顿说："现在你把灯

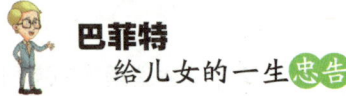

泡中的水倒入量杯中,看一下刻度,不就知道灯泡的体积了吗?"

阿普顿听到爱迪生的话,恍然大悟。他没有想到,自己花了两个多小时都没有解决的问题,爱迪生用了不到一分钟就给解决了。他按照爱迪生说的,很快就得出了灯泡的体积。

这时候,爱迪生拍了拍阿普顿的肩膀说:"年轻人,以后拿到一项任务,不要盲目行动,一定要先思考。等你思考清楚了再行动,往往比你匆忙做事取得的结果更好。"

爱迪生只在学校里读了三个月的书,全靠自学,最终成了一名伟大的科学家,在专利局登记了1000多项发明,靠的是什么呢?也许从上面的故事中,我们就能找出答案。

在采取任何行动或举措之前,进行仔细的思量和谋划都是非常必要的。因为人的理性思维通常具备某种程度的前瞻性和预测能力,这样就可以将行动过程中可能遇到的困境和阻碍尽可能地降到最低点。

骗 局

涛涛放学回家后,得意地告诉爸爸……

活到老，学到老

巴菲特名言

"一旦你停止学习，整个世界将从你旁边呼啸而过。"

◎ 第三章 一生要遵守的准则

苏茜从报社辞职后,在社区做了一段时间的义工。突然有一天,她觉得自己还年轻,以后还有很长的路要走,要想有个更好的前途,就要提升自己。但是她一时间也无法决定要学什么,于是找到父亲巴菲特,诉说了自己的困惑。

巴菲特略加思索,就对苏茜说:"人学习的目标通常有两个:一是增强自身的优势,使其更加明显;另一个是弥补自身的不足,缩小与他人之间的差距。只有清楚地了解自己的优点和缺点,才能有针对性地学习。"

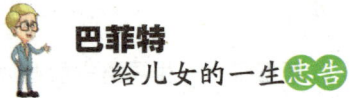

巴菲特给儿女的一生忠告

苏茜听完父亲的话，开始静静地思考自己的优势是什么，劣势又在哪里，以便发挥优势，弥补弱点。她想起自己想要环游世界，就需要掌握一门外语，最终她决定，学一门外语。想好之后，苏茜就告诉了父亲。巴菲特满意地说："你能意识到自己的不足，并想要学习，这一点很好。通过不断学习和探索，可以扩大自身的优势，同时积累渊博的知识，以面对不断涌现的新问题。"

巴菲特认为，如果某人有很强的智力储备，并且性格沉稳从容的话，当他面临极大的困境或危险时便不会有动摇与惊恐的表现。他告诉女儿："军队中有这样一个不成文的规定，那些即将装备战舰的大炮都要运送到港口，装填超过其正常容量数倍的火药并开火，看它们是否会因此而炸裂。有一些大炮虽然在正常使用时不会爆裂，却无法通过这种严格的测试。尽管这看起来有些浪费，但是在战场上，随时可能出现各种紧急情况，军队要保证所装备的大炮能够应对这一切。同理，具备足够的知识和技能也很重要，否则在紧急情况发生时就很难应对。"

不管是谁，都要养成终身学习的习惯，活到老，学到老。就像歌德所说："人不是生来就拥有一切的，是靠从学习中所得到的一切来造

就自己的。"要实现远大的目标，我们就要不断学习，不断提升自己。

当然，巴菲特推崇的并不是盲目学习，毕竟人的时间和精力是有限的。他认为，要先知道自己该学什么，再开始学习，这样才能做到有的放矢。

你说我说

活到老，学到老，持续探索新的事物和解决疑难问题，就能避免走弯路，通过不懈努力成就自我。

摩西奶奶的故事

1860年9月7日，在纽约州格林尼治村的一个农场里，一个农夫的妻子生下了一个女儿，取名为安娜·玛丽·罗伯逊·摩西。

27岁那年，摩西嫁给了农场的工人托马斯。夫妻俩一共生了10个孩子。摩西每天都要忙着挤牛奶、做家务，空闲的时间，她就会做些刺绣手工打发时间。

76岁那年，摩西因为关节炎而放弃了刺绣，开始画画。有一天，她的女儿将她的一幅画放在了镇上的杂货铺里，随后，这幅画被陈列在橱窗中。机缘巧合之下，一位艺术收藏家看到了这幅画，十分感兴趣，将它买了下来，并想再买几幅。后来，他把摩西的作品带到了纽约的画廊，从而引起了一位画商的注意。这位画商不但将摩西的画放进画廊展示，还将她介绍给别的艺术家。

1940年，已经80岁高龄的摩西奶奶在纽约举办了一场展览，引发

了人们广泛的关注。从那以后，她的作品成为艺术市场上的抢手货，她本人也荣获了许多奖项。摩西成为电台和电视台的采访对象，收获了很多粉丝。人们都被她的质朴、诚实打动，十分喜爱她。

自20世纪50年代开始，摩西的作品开始在美国和欧洲广泛销售。在幼年时，摩西只是画浆果和葡萄素描，并没有系统地学习过绘画；直到成年后，她才开始使用画笔和油彩来绘画。当摩西满100岁时，纽约州将她生日的那一天定为"Grandma Moses Day"（摩西奶奶日）。而在她100岁之后，还创作了另外6幅作品。

虽然摩西并没有接受过正规的艺术训练，但她一直在不断学习，让自己的绘画水平逐渐提高。从76岁开始画画，到101岁去世，摩西奶奶在这20多年里，一共创作了1600幅作品。

从摩西奶奶的故事中，我们不难看出，只要想学习，任何时候开始都不算晚。我们要像摩西奶奶那样，活到老，学到老。

总结时刻

虽然我们经常认为自己已经学得够多了，但实际上还有很多失误和遗漏之处。因此我们应该一直保持着学习的态度，并不断努力成长、进步。因为无论我们在什么年纪，只要心存求知欲，就能够从各个方面去获取知识。

老年大学

爷爷提出要去老年大学,涛涛有些疑惑……

注重细节

巴菲特名言

"只有百分之百地关注工作,才能做好工作。"

◎ 第三章　一生要遵守的准则

　　1983年，巴菲特将目光瞄准了家具行业，收购了内布拉斯加家具店。在和B太太洽谈收购协议时，巴菲特问道："同行业中还有没有像内布拉斯加家具店这样优秀的企业呢？"

　　B太太说："美国其他地方还有3家家具零售商，同样十分优秀。"

　　巴菲特听后十分兴奋，立刻和那3家家具零售商进行洽谈，只可惜它们都没有出售的意愿。巴菲特并不气馁，而是一直关注着它们的

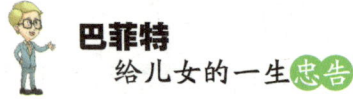

动态。

几年后,B太太提到的3家家具零售商中的一家——威利家具公司打算出售。B太太想起巴菲特曾经有购买意向,就通知了他。巴菲特收到消息后,十分兴奋,因为他很看好这家公司。这家公司不但业绩好,还有一位十分优秀的经理人叫比尔蔡德。巴菲特立刻跟比尔蔡德联系,商定了交易的细节。在交谈时,巴菲特问比尔蔡德:"同行业中还有没有像威利家具公司这样优秀的企业呢?"

比尔蔡德说:"星辰家具公司,我认为它十分优秀。"

巧合的是,B太太之前也推荐过这家星辰家具公司,由此看来,这家公司确实很不错。巴菲特联系了该公司的负责人后才知道,星辰家具公司并不打算出售。不过巴菲特把这件事记在了心里,只等着合适的机会。

一年后,巴菲特就从所罗门公司的董事长那里收到了好消息——星辰公司即将出售,而公司最大的股东兼总裁沃尔夫想要和巴菲特会面。巴菲特等了这么久,终于等到这一天,自然十分激动,很快就敲定了跟沃尔夫见面的时间。他们只见了两次,就把交易的细节全部谈妥了。

对于这次对星辰公司的收购,巴菲特十分得意,他认为,这次交易之所以能够成功,都有赖于自己对细节的关注。正是因为自己关注细节,才有机会和更多优秀的公司合作。

在巴菲特看来,只有百分之百地关注工作,才能做好工作。因此,他经常提醒员工关注工作中的细节,并做到最好。巴菲特也身体力行,在分析企业经营业务时总是力求完美。

那些优秀的人才,总是用心对待每一个细微之处,努力攻克每一个细微之处。细节决定成败,因为只有这些微不足道的事顺利进行,才能确保未来的大计划得以实现。巴菲特在谈到自己的成功秘诀时曾说:"天使蕴藏于细节之中。"

你说我说

取得成功的过程并不简单,我们需要日积月累、注重细节并不断进取,最终才能实现自我价值和目标。高明之人十分注重细节,并擅长通过细节来寻找机遇。

一滴焊接剂与5亿美元

洛克菲勒高中毕业后,又读了几个月的书就辍学了,开始上班。一开始他做的是簿记员的工作,后来,他到了一家石油公司工作。因为学历低,也不会什么技术,洛克菲勒只能做最简单、最枯燥的工作。每一天他都会站在全自动生产线旁边,看着输送带上的石油罐盖,等着焊接剂一滴一滴自动落下,他再检查一下石油罐盖焊接好了没有。

时间长了,洛克菲勒觉得这份工作太过无聊,就去和主管商量想换一份工作,却被主管拒绝了。他没办法,只好回到全自动生产线旁边继续盯着。

一天,洛克菲勒发现,要焊接好一个石油罐盖,需要用39滴焊接剂。这是一件十分平常的小事,公司里几乎每个人都知道,却没人

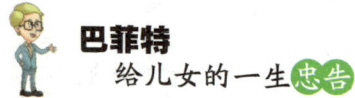

在意这个细节。但是洛克菲勒不一样，他开始思考："如果把焊接剂减少那么一两滴，不就能节省一些成本吗？"

于是，洛克菲勒针对这个细节开始了钻研。因为学识不足，他还向技术人员请教了技术参数，试图改良焊接技术。那时，公司里的很多人都在背地里讥讽他太过天真，"就让他折腾去吧，除了他这种小人物，谁还会关注这些细节呢？"

洛克菲勒钻研了一段时间，终于研制出了"三十七滴型"焊接机。但是在实际应用过程中，洛克菲勒发现这种焊接机焊接出来的石油罐偶尔会漏油，缺乏实用性。不过，洛克菲勒并没有放弃，而是继续钻研，不久，他就研制出了"三十八滴型"焊接机。这一次他的发明非常完美，不但能把石油罐密封得很好，还能节省一滴焊接剂。公司对他的发明十分看重，给出了很高的评价，并将这种机器投入了生产。

就这样，洛克菲勒抓住每一个细节，发明出了"三十八滴型"焊接机。虽然每次焊接只节省了一滴焊接剂，但是一年下来，却给公司带来了5亿美元的利润。

总结时刻

不管是在工作还是日常生活中，一个小小的决策或举动也许就直接决定了事情的成功与否。成功的人在做事时一直关注着每一个小细节，因为那些看似无关紧要的细枝末节可能蕴藏着巨大的发展空间。

细 节

晚上妈妈做了红烧排骨,涛涛却不想吃……

出手果断才能把握时机

巴菲特名言

"要是不能把握时机,就要终身蹭蹬,一事无成。"

故事在线

巴菲特在股票买卖中,向来出手十分果断。通常来说,他奉行的是长期持有股票的策略,会长期持有一些有发展潜力的公司的股票。但是,面临如下三种情况时,最好是将股票卖掉。

一是发现了更优秀、更有潜力的公司的股票;二是现在持有的公司股票已经失去了竞争力,前景不好;三是在牛市期间,股票的股价高于其长期的内在价值。

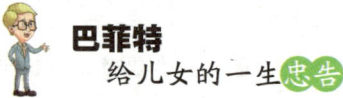

对于普通的投资者来说，在面对前两种情况时很容易做到卖掉股票，但是遇到第三种情况，很多投资者会认为这只股票后期还会上涨，如果就此卖出会错失更大的利益，因此犹豫不决，不愿意卖出。结果就因为犹豫，他们错过了卖出的大好时机，在牛市过后会遭受损失。

巴菲特认为，当一只股票的市盈率达到了40倍或者更高时，就可以出手了。所以，每次遇到这种情况，他都会果断出手，绝不拖泥带水。

1987年，道琼斯指数飙升到了2258点，所有人都以为股市形势一片大好，巴菲特却觉得此时股市已经十分危险，于是果断抛售了手中的大部分股票。当时，公司的其他人都不赞同他的举动，纷纷劝阻，还有人劝他晚一些再抛售，但巴菲特并没有听从他们的话，而是果断出手。很快事实就证明，巴菲特的果断抛售是正确的。

同年10月18日清晨，美国财政部长在电视台发表了讲话，第二天，道琼斯指数狂跌，当天就蒸发了5000亿美元。人们见势不妙，纷纷抛售手中的股票，华尔街笼罩在一片阴霾中。

此时巴菲特又做出了一个令人震惊的举动：大量购入股票。他不顾别人的劝阻，果断地以极低的价格买入了自己看中的股票。后来，巴菲特趁着股市回升时又卖掉了这些股票，获利颇丰。

在股市中，买和卖都非常关键，稍有犹豫，机会可能转瞬即逝。所以巴菲特认为，一旦看准机会，就要果断出手。对巴菲特而言，决

◎第三章 一生要遵守的准则

定进行何种投资就如同在黑白之间做抉择一般简单直接。在达到其标准的情况下，巴菲特便会毫不犹豫地采取行动；反之亦然。如果他认定某个机会值得一搏的话，就会迅速行动并抓住机会。

你说我说

在人生的旅程中，有许多会一闪而过的良机。时间并不会等待我们，如果我们踌躇不定、错失这些机遇的话，会留下很大的遗憾。

霍华德捕山鸡

霍华德小时候，跟着父亲巴菲特和一些朋友去树林中野餐。他们听说那片树林中有山鸡，就专门带了工具，想看看有没有什么收获。

到了树林后，他们选了一片比较开阔的地，撒下一些谷粒，在上面用木棍支起一个木箱，又在木棍上系上一根绳子。随后，孩子们拿着绳子的另一端走到草丛中藏起来。只要有山鸡走进木箱里，他们就拉动绳子，把木箱盖住，这样就可以抓住山鸡了。

霍华德和几个孩子刚在草丛中藏好，就有一群山鸡飞了过来。孩子们高兴坏了，仔细一数，居然有11只！这些山鸡看到箱子下面的谷粒，根本没有意识到危险，马上就走到了箱子下面吃了起来。孩子们数了数，现在箱子下面有8只山鸡。

一个孩子对霍华德说："快，快拉绳子，这样我们就有8只山鸡了！"

可是霍华德看了看箱子外面的3只山鸡，有些犹豫地说："再等一

会儿吧,等那3只也走到箱子下面,这样我们就可以拥有11只山鸡了。"

没想到,过了一会儿,不但那3只山鸡没有走到箱子下面,反而从箱子下面又走出了4只。现在箱子下面只剩下4只山鸡了,如果霍华德此刻拉下绳子,也能把它们抓住。

另外一个孩子对霍华德说:"快拉绳子,不然待会儿所有的山鸡就都离开了。"

霍华德却说:"再等等吧,只要再有1只山鸡走进来,我就拉绳子。"

没想到,接下来又走出了2只山鸡,现在箱子下面只剩下2只了。孩子们纷纷劝说霍华德快点儿拉绳子,可他还是犹豫不决。这时候,剩下的2只山鸡也吃饱了,离开了箱子。最终,霍华德一无所获。

霍华德对此十分沮丧,可巴菲特安慰他说:"虽然你没有捕捉到山鸡,却收获了比山鸡更重要的东西,那就是:如果拖拖拉拉、优柔寡断,就会错失良机。"

虽然说机会是留给有准备的人,但如果在机会来临时不敢放手去做,那再多的准备也无济于事。

总结时刻

人生的珍贵时刻往往稍纵即逝,需要抓住良机快速行动,否则可能永远失去这些机会。机会不会一直存在,一旦犹豫不决就只能眼睁睁地看着它从指缝中溜走。

便宜的橘子

晚上,爸爸拎回来一袋橘子,得意地向妈妈炫耀……

第四章
拥有财富的秘密

从小就要有赚钱意识

巴菲特名言

"成为优秀的投资者不需要很高的智慧,只需要具备不盲目地跟从他人的能力。"

◎第四章　拥有财富的秘密

股神巴菲特从小就表现出了经商的天赋。他7岁时曾帮助祖父贩卖口香糖，由于他很喜欢美元的绿色，因此姨妈送给他一个色彩鲜艳的绿托盘，方便他拿着托盘去售卖口香糖。

在当时，一包口香糖的进货价是3美分，售卖时的价格统一为5美分。小巴菲特会从爷爷的杂货店得到20包口香糖，把姨妈送的托盘隔出5个小格子，每个格子中放不同口味的口香糖，以满足不同顾客的需求。每天傍晚，他吃过晚餐后，就会拿着这些口香糖挨家挨户去兜售，直到把盘子里的口香糖全部卖完。

在推销口香糖的过程中，小巴菲特逐渐发现，大部分人都习惯购买一整包口香糖，但也有一小部分客人会提出只购买单片口香糖的要求。比较经典的例子是他偶遇的一位主妇，名叫马克博瑞太太。

巴菲特
给儿女的一生忠告

那是晚上八点,小巴菲特的托盘中还剩下一包薄荷口味的口香糖。他等待着某个路人及时路过将它买走,他就可以回家交差。马克博瑞太太看见小巴菲特在街头零售口香糖,向他要求只购买一片来尝尝味道。小巴菲特拒绝了她,表示他没有把一包口香糖拆开单独卖的习惯。马克博瑞太太说:"聪明的小家伙,一包口香糖里有6片分装糖,加在一起却只卖5美分。假如你拆开包装卖,每片售价是1美分,你不是就可以赚6美分了吗?我这是为你考虑呀!"

小巴菲特却说:"您说得对,太太。但许多人不喜欢买已经拆开的口香糖,也不想只买一片口香糖来解馋。一整包口香糖可以卖5美分,如果我把口香糖拆开,也许剩下的都会卖不出去,我岂不是只能赚到1美分吗?那样我可就亏大了!所以我是不会拆开卖的。"

这个孩子小小年纪,竟然有如此清晰的头脑,使马克博瑞太太感到十分惊讶。她对小巴菲特刮目相看,一改之前傲慢的态度,从她的手提包里拿出5美分,夸赞他说:"你是一个有智慧、有原则的好孩子,希望你今后能好好利用这些优点,把生意越做越好。"

在这个故事中,小巴菲特表现出优秀的商人所具备的特性:始终坚持自己的原则,不会为眼前的利益轻易动摇。即便他非常想把口香糖卖出去,但在听到马克博瑞太太的建议时,他首先想到了这个提议背后隐藏的风险。

拆开一整包口香糖,每片单独卖出去,看似能多赚1美分,却可能导致剩下5片口香糖无人问津,最后落得亏损4美分的结果。

此后几十年,巴菲特一直牢记这个经验,经常做出正确的决定。

你说我说

无论在商业市场,还是在日常生活中,人们都应该独立思考,理性分析事物的利弊。盲目跟从他人的想法,就像掉落的树叶被风吹走,无法控制行动的方向。我们要从小树立原则意识,培养思考能力,在成长的过程中学会规避风险。

擅长销售的哈利

犹太人哈利一向以擅长营销和宣传著称。经他宣传的商品,总会受到消费者的追捧和欢迎。当后辈问起他的营销手段,请他指教一二时,他就会说起小时候的故事,供后辈参考。

在哈利15岁时,曾经在一家街头马戏团做学徒。他不擅长驯兽,也没有特殊技能,所以只能在马戏团做一些杂活,负责在观众席叫卖小吃和饮品。

在当时的美国,经济不景气,没有多少人愿意看马戏,因而在马戏场内购买小吃的人很少,饮品更是无人问津。食物卖不出去,只能白白浪费,哈利还会因此受到团长的责备。该怎么解决这个问题呢?哈利冥思苦想,终于在某一天想到了一个好办法。他向团长提建议:马戏团在对外宣传时承诺,给每一位前来观看马戏的观众提供一包免费的零食花生,用这种小优惠吸引路人来买票看马戏。团长听了,只觉得他在胡说八道,还差点儿把他赶出马戏团。但哈利非常坚持,请求团长听从他的想法。他诚恳地表示,如果团长接纳了这个意见,却没有得到回报,那么损失的费用可以从他的薪水中扣除;如果这个计

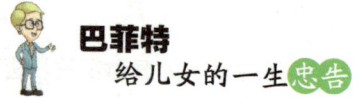
巴菲特
给儿女的一生忠告

划成功盈利，他只要一小部分提成，剩下的利润归马戏团所有。团长将信将疑，又觉得试一试又不吃亏，于是同意了这个方案。

在马戏团售票时，哈利负责做宣传员，带着一盒花生沿街叫卖："先生们，要看马戏表演吗？现在买一张马戏票，就可得到一包好吃又免费的花生！"

经过一整天的宣传，马戏团的顾客显著增多。这时观众已经开始观看马戏表演，哈利趁机去座位旁边兜售饮料。等到马戏结束，团长惊讶地发现，今天的食品营业额竟然是从前的十几倍！他问哈利："你是怎么做到的？"哈利回答："我炒花生时，在里面增加了少量的盐。这样炒制过的花生不仅更加好吃，还容易让顾客们口渴，从而产生喝水的想法。这个时候再去卖饮料，成功率就高多了。"团长听了十分佩服他。

总结时刻

巴菲特教导儿女们，要从小培养财商思维。就算不从事商业活动，人也需要拥有良好的理财基础和规避风险的意识，才能经营好日常生活用度，避免走进错误的消费陷阱，或是建立错误的消费观。怎样才能培养正确的财商思维？

一、要了解货币，比如货币的具体用途、合法来源和正确的使用方式。

二、了解基本的消费心理，懂得理性消费。

三、学会合理分配财产，建立消费目标。

赚钱意识

涛涛想买一个玩具,可是没有钱,就去找爸爸……

学会利用手中的资源

巴菲特名言

"投资的好处就是,不需要对每个扔过来的棒球挥舞球棒。投资的诀窍在于,你可以在一个位置等着看每一个扔过来的球,直到遇见能够打到最佳位置的那一个。"

◎第四章　拥有财富的秘密

小时候，巴菲特常常和好朋友玛丽在爷爷杂货店旁边的公园玩耍。公园外有个汽水自动售卖机，许多来公园散步的人都会从售卖机上买汽水。小巴菲特感到疑惑，问玛丽："我爷爷卖的汽水比售卖机里的汽水价格低很多，为什么这些人不去杂货店买汽水呢？"

玛丽回答："当然是因为方便啦！汽水售卖机里的货品虽然贵一些，但人在散步的时候容易口渴，就不会为了省几美分而绕路去更远的杂货店了。"

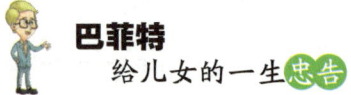
巴菲特
给儿女的一生忠告

小巴菲特听完玛丽的话,若有所思。到了晚上,他和爷爷说起这件事,想听一听爷爷的意见。爷爷问他怎么想,巴菲特说:"我想去卖一点儿东西。"

爷爷问他:"你不是正在卖口香糖吗?"

小巴菲特回答:"我想卖一点儿人们真正需要的东西。去卖口香糖的时候,我发现很多人并不需要口香糖。有些人觉得我是小孩子,才照顾我的生意。我希望我的顾客是真心想买东西的人。"

爷爷听了他的想法,觉得很欣慰。小巴菲特还是个几岁的孩子,却愿意思考如何去满足路人的消费需求,这很难得。他对小巴菲特说:"你能这么想是最好的。其实要卖别人需要的东西并不难,你去观察一下,别人平时都买什么,慢慢就知道卖什么最受欢迎。"

小巴菲特明白了。他想起来公园里的人们都喜欢喝汽水,就说:"我想卖可乐!很多人每天都会喝可乐,所以它应该好卖。公园里经常有人从自动售卖机上买汽水,玛丽说,那是为了节省时间。如果我把可乐送到他们面前,以低于自动售卖机的价格出售,买我可乐的人一定会更多!"

爷爷肯定了他的想法。他让小巴菲特思考,一罐可乐的进货价是5美分,以巴菲特身上剩下的钱,可以从他这里头进多少罐可乐。小巴菲特很快算出了结果:"我有30美分,所以可以买6罐。我再以7美分的价格卖出去,就能赚12美分。"

爷爷赞赏他的聪明:"你以后可以从我这里拿10罐可乐去公园卖,全部卖出之后,再给我50美分,剩下的钱可以作为你的酬劳。"

◎第四章 拥有财富的秘密

得到了爷爷的帮助，小巴菲特开拓了他的零售事业。他在玩耍时把可乐卖给行人，每天都可以赚到20美分的零花钱。

你说我说

利用手中的资源来追求利益是人们开展社会活动的主要原因，也是未来发展的强大动力。但人们手中的资源往往是有限的，只有擅长发现和利用资源的人，才能用最少的投入得到最大的收益。因此学会利用资源，是我们的必修课。

马铃薯带来的财富

吉姆高中毕业后，没有去上大学，而是出外务工。他很快发现，务工的上升空间比较小，而且很不自由，没有工作的动力。他计划辞去工作，接下来做一点儿自己愿意做的事。

有一天，他去菜市场闲逛，突然有了灵感。他发现，城里菜市场的马铃薯售价为1千克2美元，口感也比较普通。而在他的农村老家，马铃薯1千克只卖30-40美分。这是因为乡下人的基本观念还是自给自足，很多村民不会把马铃薯卖出去，只用来做家常菜，或是做成猪食。有些马铃薯吃不完，很快长出芽来，就这么被浪费了。吉姆记得那些马铃薯的口感，比菜市场上卖的马铃薯要美味许多。

吉姆很快做了个决定，回乡下把马铃薯以30美分的价格买过来，再拿去菜市场，以1.5美元的价格卖给各个菜市场的商贩。除去交通费用，每斤马铃薯的净利润在1美元左右。这样既能盈利，又能让乡下

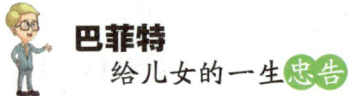

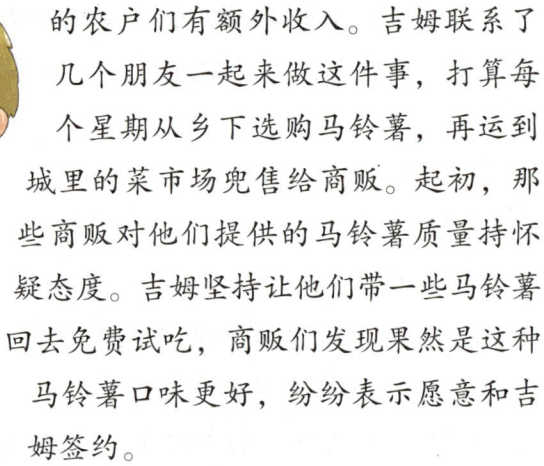

的农户们有额外收入。吉姆联系了几个朋友一起来做这件事，打算每个星期从乡下选购马铃薯，再运到城里的菜市场兜售给商贩。起初，那些商贩对他们提供的马铃薯质量持怀疑态度。吉姆坚持让他们带一些马铃薯回去免费试吃，商贩们发现果然是这种马铃薯口味更好，纷纷表示愿意和吉姆签约。

和十几个菜市场正式签约之后，吉姆和同伴回到乡下，挨家挨户去收购品相比较好的马铃薯，一共收集了3000多公斤，一天之内送去所有的菜市场。商贩们对马铃薯的反响很好，容易卖出去，还经常有回头客。他们让吉姆继续供货，签下了长期合同。吉姆和伙伴们坚定了信心，第二次收集了更多的马铃薯，拿去供给更多的商贩。一个月下来，只是纯利润，他们就挣到了50000美元。

马铃薯只是打开了吉姆的思路。这之后，他经常去菜市场做调研，发现了许多蔬菜的口感差异，从而找到了致富之道。

我们拥有的资源有时间、物质和劳动等。我们时刻都在利用资源来获取生存的空间，但究竟能把这些资源利用到什么程度，获取多少生存空间，还取决于学习。要想更好地利用资源，可以努力去发现身边的机会，加强观察力。同时，看见机会时，不要犹豫，首先要尝试一下。

利用资源

涛涛最近多了很多零花钱,小胖很羡慕……

把鸡蛋放在一个篮子里

巴菲特名言

“在投资行业，需要坚持一个原则——把鸡蛋放在一个篮子里。”

故事在线

巴菲特有一个女儿和两个儿子，他和妻子一起尽心养育他们。尽

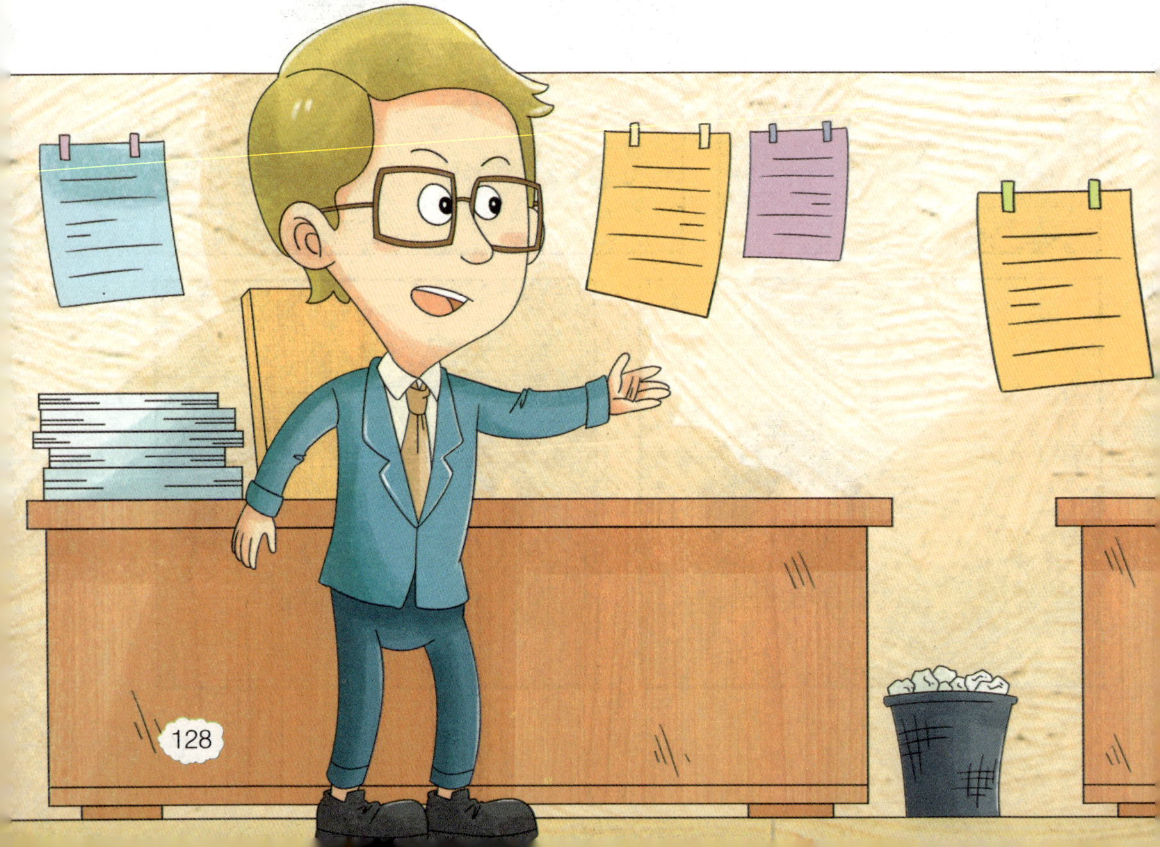

◎第四章 拥有财富的秘密

管这三个孩子没有选择继承巴菲特的事业,而是选择了各自喜欢的领域,但他们谨记父亲的教导,很注重生活上的投资技巧。

"把鸡蛋放在一个篮子里。"这是巴菲特常常挂在嘴边的话。

这个观点刚刚提出时,在投资领域遭到了大范围的质疑。但不管外界有多少质疑,巴菲特始终按照这个原则行事。

同时,巴菲特认为他人的质疑也有其合理性。他并不否认一个人的成功经验不适用于所有人,也很少有人像他一样,花费大量精力和漫长的时间,去研究"只下一注"理论的可行性。

巴菲特坚持把鸡蛋放在一个篮子里,表现为喜欢并善于长期投资,选准目标入股,然后等待合适的时机,直到收益达到预期时才会抛出股票。

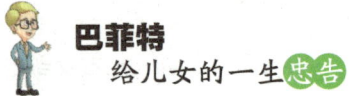

把鸡蛋放在同一个篮子里，需要投资人拥有勇气和强大的判断能力。但巴菲特认为，这并非不能做到的事，只需要持续学习，善于观察，增强自信心，人人都有掌控这种能力的机会。巴菲特教育孩子们，希望他们学会更加精湛的投资技巧，再根据学到的知识和经验，去决定是否把鸡蛋放在一个篮子里。

你说我说

相对来说，拥有长远目光的人更容易获得成功。他们在做目标计划时，往往会规划一个长期有益的方案。而短视的人，只能看见眼前的利益，从而忽略长期的利益。在只有一条路的情况下，人们不得不把目标定在更远的地方，反而更能看清方向。

延伸阅读

巴菲特的建议

巴菲特作为投资行业的风向标,很少关注那些看似涨幅正好的股票。原因很简单:关注这种势力强劲股票的人太多,投入的成本太高。假设股市发生变化,这种类型的股票将会第一个摔下马来,甚至跌到谷底,使股民们损失惨重。

巴菲特对此给出的建议是,要去发掘正在成长的股票,比如新兴产业的股票,他们拥有无限可能,是强大的潜力股。在投资之前,要细心关注这些股票所在公司的营业状况、近几年的业务报表和盈亏情况,以及该公司的经营理念、该股票最大拥有者的行事风格。

在收集了足够多的信息后,人们才可以着手准备投资。首先,投资者需要学会运用正确的计算公式,算出当前股票的实际出售价值和股票未来价值的差距。二者价值差的大小,影响到股票的获利空间的大小。如果计算出现偏差,会直接影响之后一段时间的实际利益。为

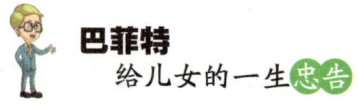

了避免错误，最好的选择是重复计算同样的数据，多次确认没有失误之后，再决定是否投资。

最重要的一点，在选择好股票后，要持续关注这个公司的后续经营情况和股票的涨跌。这是一个漫长的过程，投资者必须关注篮子里的鸡蛋，防止它们遭受损害。如果投资者渴望把收益最大化，最好的选择是把鸡蛋放在一个篮子里。

巴菲特给投资者的建议是，集中研究两到三家公司，在市值被低估时买入，并长期持有。当投资人没有特别熟悉的公司，但对整体产业前景有信心时，也可以选择分散持有多家公司的股票，隔开买入时段。

在常规认知中，"把鸡蛋放在一个篮子里"属于孤注一掷的极端行为。但人们并不清楚，孤注一掷的前提是对一个行业和领域有足够的了解，以及敢于一搏的魄力。巴菲特建议把鸡蛋放在一个篮子里，其实是希望我们学会在做决定前先做好前期准备，才能用这一篮子鸡蛋换回我们最希望得到的结果。

鸡蛋和篮子

涛涛见爸爸有些闷闷不乐，就过去安慰……

做自己熟悉的生意

巴菲特名言

"我们在追求财富时,时常需要冒险。并不是所有的冒险都会成功,也有可能全军覆没。如果想要稳定的结果,最好的办法就是做熟悉的生意。"

◎第四章 拥有财富的秘密

巴菲特的大儿子霍华德为了经营他的农场,曾向巴菲特借款。在还清借款后,农场的收入增加,霍华德的投资潜能逐渐显现出来,他开始关注其他领域的投资可能。巴菲特知道后非常高兴,这正是他想看到的结果。

巴菲特当然肯定霍华德依靠自身获得的成就,也赞同他去开拓事业和爱好,比如保护动物和生态环境等。但霍华德这样做也有一些问题,他同时关注不同的领域,注意力被分散,反而会顾此失彼,达不成自己想要的结果。

巴菲特给了霍华德更为具体的建议:如果想做投资,就必须做好

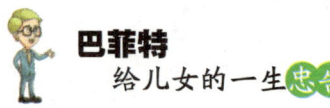

各方面的准备,看清行业走势,再三确认投资取得良好回报的概率。投资需要胆量,但在不熟悉的领域挑战风险,小看行业竞争力,极有可能遭遇失败。与其去做不熟悉的生意,还不如直接不做。

　　巴菲特自从事投资以来,从来不会购买掌握不了详细信息的股票。他认为中国有一句古话讲得很好,"知己知彼,百战不殆"。曾经有人建议他去投资一些科技行业的股票,认为很有发展前景。然而,巴菲特为了保险起见,还是选择了自己最了解的实体经济,购买传统行业的股票。

　　霍华德的确因为盲目投资吃了些苦头,于是很爽快地接受了父亲的建议。

你说我说

　　大脑会优先处理那些它熟悉的信息,因此人们在做相对熟悉的工作时,效率会翻倍。相反,在接触陌生信息时,我们会觉得相当吃力,很难上手。投资也一样,陌生的领域容易导致信息不对称,从而使投资者做出错误的判断。

延伸阅读

投资的方法

就像巴菲特告诉霍华德的那样，对于不熟悉的领域，不要轻易投资。在做好挑战风险的准备之前，宁愿用手头上的资源去赚取稳定的小收益，也不要因为看似客观的高收益而盲目投资。好比采矿能够致富，但开采途中，矿难也时常发生，盲目开采可能遭受重大损失。

大部分行业的盈利关键在于投资者对行业的熟悉程度。只有熟悉一个行业的规则、风险、运营规律，做好趋利避害，编织一个更加成熟的业务网络后，再投入资金，成功的概率才会大大增加。任何行业都逃不出这条铁则：不打没有准备的仗！

如何才能真正熟悉贯通一个领域中的规则呢？作为投资者，有两条路可以走。

第一，选择通过学习的方式来了解该行业。此处的学习，不仅仅是学习专业知识，还有实地调研、接受行业反馈等。因为足够了解一

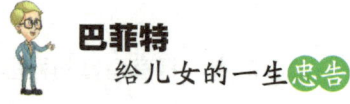

个行业，才能在最合适的时机，做出最恰当的选择。

第二，通过聘用专业人才来协助投资。如果没有时间，也没有足够的学习能力，此时雇用一个聪明人来为自己服务，再给出令对方满意的酬劳，也不失为一种选择。但要注意一点，不能因为雇用到不错的员工，就放弃对该行业的了解。

简而言之，要做自己熟悉的生意。如果不够熟悉，就要了解透彻再涉足。

在开拓事业时，要减少幻想，多做实事。与其四处探索，不如在熟悉的领域，努力把正在做的事情做到最好。如果每个行业都去涉猎，只学一点儿皮毛，没有任何实际经验和知识积累，就不可能和在本行业深耕的人去竞争。

创 业

爸爸和妈妈在商量着创业,被涛涛听见了……

财富的积累是由少到多的

巴菲特名言

"财富的积累,就是聚少成多的过程。普通的一美分,也可以是另一个十亿美元的开始。"

◎第四章 拥有财富的秘密

故事在线

有一天,巴菲特在地上看见一美分,便弯下腰将这枚硬币捡了起来。旁边的人看见了,都很惊讶他居然会关注地上躺着的一美分。巴菲特却笑着说:"这是另一个十亿美元的开始。"这个故事告诉了所有人,要珍惜每一笔财富。就像万丈高楼起步于一块小砖头,巨大的财富也是从一美分开始的。

某次,巴菲特去参观大儿子霍华德的农场,在霍华德家里发现了好几枚零散放置的硬币。他对此有些不满,告诉霍华德:"即便只是一枚硬币,也是一笔钱,是货币的重要组成部分,值得被重视。"人们对

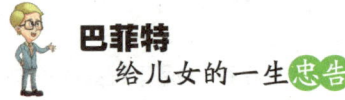

巴菲特
给儿女的一生忠告

待金钱的态度,不应该因为它的面值大小而有区别。一分钱和一百美元的本质是一样的——它们共同组成了庞大的货币体系,满足了每个人的生活消费需求。

在巴菲特的家中,也留着一些存钱罐。这既是他对自己的提醒,不忘记发家的根本,也是为了随时方便拿出小额货币进行低额消费。巴菲特的兜里也常常会留着硬币,为他满足日常的小需求。

巴菲特说,一个人对小额金币的态度,会决定他未来对财富的拥有程度。即便是科技翘楚比尔·盖茨,也会珍视一枚小小的硬币。擅长创造财富的人,不会刻意追求昂贵的穿着,或是没有实际意义的奢侈品。因为他们更加追求物品的性价比和得失。那些有了点儿钱就开始大手大脚花钱的人,容易得意忘形,忘记金钱的本质,他们不可能获得更多的财富。

对钱财的爱惜,不等同于吝啬。巴菲特非常乐意为优秀员工提供丰厚的薪资,激发他们的积极性。在生活中,他却会关注一枚小小的硬币,这说明了他对财富保持着敬畏态度。

霍华德最开始对一美分不以为意,可在巴菲特严肃地强调了小钱的重要性后,他也变得重视起来。在巴菲特的要求下,霍华德找来一个存钱罐,把零散的硬币全装进去,妥善保管,不再到处乱扔。

巴菲特满意地说:"100个一美分的硬币聚集在一起,就是一美元。10万个这样的硬币聚集在一起,就能创造上千的价值。财富的积累是多么神奇、多么有力量啊!"

◎第四章　拥有财富的秘密

你说我说

中国有一个成语是"集腋成裘"。有时候一点儿小钱，一小段时间，看着很不起眼，但是长时间积累起来就十分可观了。财富的积累具有神奇的力量，千万不要小瞧每一分钱。

年轻人与洛克菲勒

美国有一个爱做梦的年轻人，他总是渴望着哪天能突然得到一笔巨额财富，成为千万富翁，从而摆脱困顿的生活。他冥思苦想，怎么样才能实现愿望，成为富豪呢？很快，他想到了一个好主意，找一个有钱人来问一问他是怎么获得财富的，不就知道答案了吗？

年轻人马上去找当时的美国富豪排行榜，锁定了当时排名第一的石油公司总裁洛克菲勒。他看到新闻报纸上对洛克菲勒的采访，上面说洛克菲勒也出身于贫困家庭，小时候忍饥挨饿，没有上学的条件，却还是成了亿万富翁。年轻人羡慕极了，他急于想知道洛克菲勒是怎么做到的，于是绞尽脑汁，想办法去拜访这位知名富豪。

经过年轻人的多方打听，他终于有了拜访洛克菲勒的机会。他来到洛克菲勒的家中，受到了这位石油大亨的热情招待。年轻人看见满屋子华丽的装潢，贵重的物品，目不暇接，内心更加艳羡。

年轻人自我介绍说："我是一个很想上进的人，来这里拜访您，是想知道您是怎么获得财富的。"

洛克菲勒笑着说："今天我的家里没有佣人上班，我对家里的物品没有那么熟悉，只能用一个西瓜来招待你。"

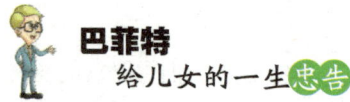

洛克菲勒把西瓜切成了大小不一样的三小块,对年轻人说:"如果这三块西瓜代表你将要得到的不同利益,你要怎么选择?"

年轻人没有犹豫,果断拿起最大的一块西瓜吃了起来。洛克菲勒则是选了最小的一块西瓜。年轻人此时在心里犯嘀咕,不明白大亨为什么会这样选择。就在他还在吃那块最大的西瓜时,洛克菲勒已经解决了小西瓜,拿起了另一块。

年轻人忽然明白了洛克菲勒先生想要传达的道理:看似最大块的西瓜,吃起来却最麻烦。另外两块西瓜看起来小一些,加起来却比大块的西瓜要大得多。

洛克菲勒对年轻人说:"成功不是一蹴而就,而是一点一点地积累。"

珍惜每一点知识,就能进入学习的殿堂;珍惜每一笔财富,就能成为百万甚至亿万富翁。如果总是幻想着一夜暴富,却不注重生活中的理财细节,那再幻想十年,也还是个穷光蛋。要知道,理财的本质在于通过稳健的投资,使财富安全增值。世界上不存在毫无基础的财富爆发,只有明白金钱的真谛,擅长把钱花在刀刃上的人,才能获得更多的财富。

抠门的涛涛

放学回家的路上,涛涛和小胖路过了小卖部……

拒绝不良的消费行为

巴菲特名言

"人们在物质上的攀比，来源于虚荣心导致的不平衡。这种虚荣心会给人造成巨大的压力，使人走向堕落。"

◎第四章 拥有财富的秘密

巴菲特的大女儿苏茜在成年后成了一位优秀的女性,但很少有人知道,她年轻时也曾经有过错误的消费习惯。在她高中毕业前,曾经接到一个小学同学的电话,邀请她去参加聚会。苏茜非常高兴,穿上她最喜欢的小裙子前去赴约。

但在参加完聚会后,苏茜变得闷闷不乐。巴菲特注意到她的异常,问她在同学聚会上遇到了什么事情。苏茜对父亲抱怨:"以前的同学们进入高中后,突然都变得很时髦,还买了价格昂贵的限量皮包,可是那些我都没有。"

巴菲特没想到是这个原因,笑着安慰女儿:"虽然不能和她们攀比,可是你的零花钱比起普通孩子,也已经很多了。对高中生来说,钱只要够花就好了。"

巴菲特明白女儿在想什么,和蔼地告诉她,人们在物质上的攀比,来源于虚荣心导致的不平衡。这种虚荣心会给人造成巨大的压力,使人走向堕落。

年轻的苏茜还不太能理解其中的深意。再次和小学同学见面时,苏茜问起同学的项链是怎么买到的。同学回答说:"苏茜,你已经18岁了,还不能使用信用卡吗?"

苏茜由此得知,许多年轻人都在置办信用卡提前消费。她没有经受住诱惑,也办了一张信用卡,并很快发现了它的便利之处。在出门逛街时,发现现金不够,没关系,刷信用卡。如果卡里的额度不够,还能透支消费。

但很快苏茜就发现了透支信用卡的弊端,她在这时想起了父亲的教诲,终于明白了其中的真谛。信用卡虽然给人带来方便,却会放大人的欲望,使人在消费时失去节制。自此,苏茜不再使用信用卡,不再有和他人攀比的想法,恢复了现金消费的习惯。

◎ 第四章 拥有财富的秘密

你说我说

消费是推动经济发展的重要动力，是现代经济发展的重要支柱。消费行为可以刺激企业的生产和投资，促进就业和经济增长，带来积极的影响。然而，过度消费有可能导致个人和社会出现问题，损害长期利益。因此，树立正确的消费观十分重要。

巴菲特与信用卡

某次，巴菲特召开股东大会，有投资者问到了信用卡行业。这位投资人问："信用卡问世几十年来，利率越来越高，远超政府的利率。照这样下去，信用卡公司会不会降低他们的利息，来获取更多的客户群体呢？"

巴菲特提到了一个例子，曾经有位女士来到他这里，表示她信用卡的利率高达18%，而她现在只有一小部分现金，不想还那么高额的债务，她应该怎么办。

巴菲特回答她："你只能选择还清债务。不要保持任何信用卡的债务，因为你必须持续为你的信用买单，它会不断降低你的生活质量，增加你的精神损耗。"

巴菲特说："我鼓励所有的人，想办法把信用卡的债务降下来。即便只有12%，也不应该支付给信用卡公司，而应该用来提高自身的生活质量。在没有经济独立、固定收入、建立正确消费观的情况下，人们不应当轻易尝试使用信用卡。"

有人会在无力偿还债务的情况下欠更多钱，或者走上犯罪的道

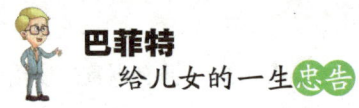

路，这些都是过度消费造成的社会隐患。因此，巴菲特对信用卡行业的发展并不乐观，始终保持观望态度。

在现代社会，年轻人面临着多种消费诱惑。无节制消费不仅会让个人陷入窘境，也会给社会造成危害。因此，培养正确的消费观对于年轻人来说尤为重要。

消费习惯

月底了,妈妈坐在梳妆台前,有些愁眉苦脸……

巴菲特大事年表

年份	主要活动
1930 年	巴菲特出生
1941 年	巴菲特买入人生第一只股票——城市服务优先股
1945 年	巴菲特开启人生第一份工作——给父亲所在的股票经纪公司抄写股价
1947–1949 年	巴菲特在宾夕法尼亚州大学沃顿金融学院上学
1949 年	巴菲特转至内布拉斯加大学就读
1951 年	巴菲特开始做股票经纪人
1952 年	巴菲特与苏珊·汤普逊结婚
1954 年	巴菲特成为一名证券分析师
1956 年	巴菲特创立了巴菲特协会,并创立了两个合伙企业
1957 年	巴菲特又成立了两个合伙企业,共管理着五个投资合伙公司
1959 年	巴菲特和查理·芒格成为朋友
1961 年	巴菲特投资了一个风车制造公司
1962 年	巴菲特合并了所有合伙企业,并入巴菲特合伙有限公司
1963 年	巴菲特合伙有限公司成为伯克希尔公司的最大股东
1964 年	巴菲特开始买进美国快递公司的所有股票
1965 年	巴菲特开始买入迪士尼的股票
1968 年	巴菲特合伙有限公司所赚超过了 4000 万美元,他本人加入格林内尔学院理事会

年份	主要活动
1969 年	巴菲特关闭了合伙公司，并给合伙人清算了资产
1970 年	巴菲特合伙有限公司完全被解散，并清算了资产
1974 年	巴菲特的个人财富下降 50% 以上，苏珊离开巴菲特
1978 年	苏珊将巴菲特介绍给艾丝翠·孟克斯，巴菲特最终与艾丝翠·孟克斯生活在一起
1981 年	巴菲特与查理·芒格创建了伯克希尔公司慈善基金捐款计划
1983 年	巴菲特首次进入福布斯 400 强
1988 年	巴菲特开始买入可口可乐公司的股票
1997 年	巴菲特购买了将近 1.3 亿盎司的白银作为投资
2003 年	巴菲特成功投资中石油
2008 年	巴菲特以 620 亿美元净资产位于《福布斯》排行榜的第一位